Sonnabend | Antike. 100 Seiten

✳ Reclam 100 Seiten ✳

HOLGER SONNABEND lehrt Alte Geschichte an der Universität Stuttgart. Er ist Autor zahlreicher Sachbücher zu antiken Themen, schreibt regelmäßig für historische Zeitschriften und führt Reisegruppen in die Welt der Griechen und Römer.

Holger Sonnabend

Antike. 100 Seiten

Reclam

2017 Philipp Reclam jun. GmbH & Co. KG,
Siemensstraße 32, 71254 Ditzingen
info@reclam.de
Umschlaggestaltung: zero-media.net, München
Umschlagabbildung: FinePic®, München
Infografiken (S. 18 f., 87): Schwochow Visual Stories GmbH, Berlin
Bildnachweis: S. VI: © Wikimedia Commons / Jean-Pol Grandmont;
S. 75: © Wikimedia Commons / Sailko; S. 84: © Imago / ZUMA Press
Umschlagmaterial: Creative Print, Schabert
Druck und Bindung: Esser printSolutions GmbH,
Untere Sonnenstraße 5, 84030 Ergolding
Printed in Germany 2025
RECLAM ist eine eingetragene Marke
der Philipp Reclam jun. GmbH & Co. KG, Stuttgart
ISBN 978-3-15-020431-3
reclam.de

Für mehr Informationen zur 100-Seiten-Reihe:
reclam.de/100Seiten

Inhalt

Edle Einfalt und stille Größe ...

Wir stehen voller Ehrfurcht vor den großen Kunstwerken der Antike, bewundern ihre Schönheit, ihre Harmonie, ihre Proportionen. Nehmen wir die Laokoon-Gruppe. Sie ist heute eine der Attraktionen der Vatikanischen Museen in Rom. Dem Mythos zufolge war Laokoon ein Priester in Troja – ausgerechnet zu jenem Zeitpunkt, als es unterging. Die angreifenden Griechen hatten auf Anraten des listenreichen Odysseus das Trojanische Pferd in die Stadt geschmuggelt, in dessen Bauch sich einsatzbereite Krieger befanden. Laokoon witterte die Falle, doch die Mit-Trojaner schenkten seinen Warnungen keinen Glauben. Stattdessen schickten die Götter, die auf der Seite der Griechen standen, zwei Schlangen, die den Priester und seine beiden Söhne töteten.

Das berühmte Kunstwerk, 1506 in Rom entdeckt, zeigt den Todeskampf der drei unglücklichen Trojaner. Archäologen streiten sich bis heute, ob es sich um die römische Kopie eines griechischen Originals aus dem 2. Jh. v. Chr. oder um eine römische Eigenkreation aus der Mitte des 1. Jh.s n. Chr. handelt. Doch diese Frage interessiert nur die Experten. Die Sache des Publikums, das in die Museen strömt, ist eine andere. Die Menschen kommen zum Bewundern und Staunen. Dass manche die Antike in Sachen Kunst für unübertrefflich halten, ist die späte Nachwirkung des ebenso unermüdlichen wie erfolgreichen Werbens um die Anerkennung der Vorbildhaftigkeit der antiken Kunst, wie sie von Johann Joachim Winckelmann betrieben wurde. Geboren wurde der Regisseur neuzeitlicher Antikenbegeisterung vor 300 Jahren, genauer: am 9. Dezember 1717, im beschaulichen Stendal. Knapp 51 Jahre später starb er, in Triest, als Opfer eines perfiden Raubmordes. Zwischendurch hatte er genug Zeit, um sich in Italien als Mentor der antiken, insbesondere der griechischen Kunst zu profilieren. Die Laokoon-Gruppe war für ihn Inbegriff von Perfektion und Schönheit. Für sie prägte er die klassisch gewordene Formel »Edle Einfalt und stille Größe« – ein Gütesiegel, das der Antike über die Jahrhunderte hinweg anhaftete.

Edle Einfalt und stille Größe? Die Antike als eine marmorne Welt, gewissermaßen allem Irdischen entrückt, unnahbar und fern? Einfach nur schön und harmonisch?

... und die wirkliche Welt?

Zum Glück war es nicht so. Oder nicht nur so. Die Kunst ist das eine, das Leben das andere. Keiner hat das so überzeugend formuliert wie der große Altertumswissenschaftler Theodor Mommsen. Geboren vor 200 Jahren, am 30. November 1817 in Garding, im hohen Norden Deutschlands, war er genau 100 Jahre jünger als der Antikenenthusiast Winckelmann. Maßstäbe setzte er bereits in den frühen Jahren seines reichen Forscherlebens mit der *Römischen Geschichte*, die zwischen 1854 und 1856 in zunächst drei Bänden erschien. 1902, ein Jahr vor seinem Tod, bekam er dafür den Literaturnobelpreis. Je nach deren Einstellung faszinierte oder irritierte er seine Leser darin mit einer ganz bewusst aktualisierenden Terminologie. Plötzlich gab es im antiken Rom Bürgermeister, Generäle, Fabrikanten, Ingenieure, Büropersonal. Er befreite die antike Geschichte sowohl von der Staubschicht, die sich über die Jahrhunderte hinweg auf sie gelegt hatte, als auch von der idealisierenden, verklärenden Sicht, wie sie Winckelmann und seine Epigonen verordnet hatten. Mommsen holte die Menschen der Antike vom Podest der Unnahbarkeit herunter in die, wie er selbst sagte, »reale Welt, wo gehasst und geliebt, gesägt und gezimmert, phantasiert und geschwindelt wird«.

Die Antike hasste, liebte, sägte, zimmerte, phantasierte und schwindelte? Gut, dass Winckelmann das nicht mehr miterleben musste. Dabei hätte er auch in seinem von ihm so geschätzten Griechenland eine Lektion darüber erhalten können, dass die Menschen der Antike tatsächlich auch hassende oder sägende Menschen gewesen waren – und dass es in der hohen Politik wie auch im ganz normalen Alltagsleben alles andere als nur heroisch zuging.

Die Akropolis von Athen – Visitenkarte und Aushängeschild einer der berühmtesten griechischen Metropolen in der Antike, Pflichtprogramm für alle Touristen, die sich nach ihrer Heimreise nicht vorwerfen lassen wollen, Wesentliches versäumt zu haben. Dort oben auf der Akropolis befinden sich herausragende Bauwerke wie der Parthenon, das Erechtheion, der Nike-Tempel, die Propyläen. Kunstfreunde geraten ins Schwärmen: Die Bauten künden in ihrer klassischen Erhabenheit von der unvergleichlichen künstlerischen Begabung der alten Griechen. Mag sein. Vor allem aber dokumentieren sie den Willen der antiken Athener, ihren Status als Nummer eins unter den Griechen zu visualisieren – und den Wunsch eines damaligen Spitzenpolitikers, sich ewigen Ruhm zu verschaffen. Um dieses Ziel zu erreichen, scheute er auch, ganz ohne edle Einfalt und stille Größe, nicht vor offenkundigem Betrug zurück.

Was macht man mit Geld, das man von anderen erhält? Und was leistet man dafür? Fragen, die, wie man weiß, für die Griechen bis heute eine gewisse Bedeutung haben. Ihr großer antiker Vorfahre Perikles hatte vor bald 2500 Jahren eine erstaunliche Antwort parat: »Das Geld gehört nicht denen, die es zahlen, sondern denen, die es bekommen.« Das hielten bereits die Zeitgenossen für eine interessante Sicht der Dinge und überhörten fast den Nachsatz: »... sofern sie für den erhaltenen Betrag die vereinbarte Gegenleistung erstatten«. Das Geld, um das es hier ging, stammte aus der Kasse des »Attischen Seebundes«. So wird ein Bündnissystem genannt, das die Athener im Jahr 478 v. Chr. ins Leben gerufen hatten. Sie versammelten in dieser Allianz mehr als 200 griechische Stadtstaaten. Das Datum 478 v. Chr. ist kein Zufall: Kurz zuvor hatten die Griechen einen Angriff der Perser unter ihrem Großkönig Xerxes zurückgeschlagen, ein Verdienst vor allem der athenischen Flotte. Von daher leiteten die Athener den Anspruch auf Vorherrschaft in Griechenland ab und setzten sich an die Spitze des Bundes, der »attisch« hieß, weil Athen in der Landschaft Attika liegt. Sinn und Zweck des Bündnisses bestanden darin, sich gegen künftige Angriffe der Perser zu wappnen (die dann gar nicht erfolgten, aber das konnte zu diesem Zeitpunkt keiner wissen). Einige der Partner stellten Schiffe zur Verfügung, die meisten aber zahlten Jahr für Jahr einen bestimmten Geldbetrag in eine gemeinsame, bald gut gefüllte Kasse, die man auf der Insel Delos deponierte. Sie sollte als Kriegskasse für den Fall einer persischen Invasion dienen.

Athen war zu dieser Zeit eine Demokratie, sogar die erste Demokratie der Weltgeschichte. Doch bereits damals zeigte es sich, dass die Menschen gerne dem immer selben Führungspersonal vertrauen. So kam es, dass sie Jahr für Jahr Perikles an die Spitze des Staates wählten. Er stammte aus einer alten Adelsfamilie, strahlte Würde aus und gab sich trotzdem gerne volksnah. Und er hatte viele gute Ideen. Eine seiner besten war das Projekt »Wiederaufbau der Akropolis«. Tatsächlich lagen die Bauten dort seit 480 v. Chr. in Schutt und Asche, nachdem die Perser unter Xerxes Athen einen ungebetenen Besuch abgestattet und alle Tempel und Gebäude auf der Akropolis zerstört hatten. 30 Jahre später blies Perikles nun also zum Wiederaufbau. Die Akropolis sollte in neuem Glanz erstrahlen und alles in den Schatten stellen, was es sonst an Bauten gab: ein Schaufenster der Macht der Athener und ihrer Demokratie.

Solch ein Prestigeprojekt erforderte viel Geld. Praktischerweise hatte Perikles ein Gespür für das Akquirieren von Finanzquellen. Es gab doch die Kasse des Seebundes. Er zögerte nicht lange und ließ sie von Delos nach Athen bringen. Jetzt hatte man, dank der großzügigen Beiträge der Partner, jede Menge Kapital. Doch selbst ein populärer Politiker wie Perikles konnte nicht machen, was er wollte: Es gab Proteste in Athen und natürlich auch bei den Bundesgenossen, die sich zu Recht geprellt fühlten. Sie hatten das Geld nicht für die Verschönerung Athens eingezahlt, sondern um sich vor den Persern zu schützen. Was Perikles und seine Freunde da trieben, war, so klagten sie, Betrug. Der Gescholtene lud zu einer Versammlung.

Es kommt zu hitzigen Debatten, zu Rede und Gegenrede. Dann fallen die Worte des Perikles: Das Geld gehöre denen, die es bekommen. – Seine Widersacher kontern: Aber entscheidend sei der Zweck! – Perikles erklärt: Es sei alles in Ordnung, wenn die vereinbarte Gegenleistung erbracht werde. – Das sei die Abwehr der Perser! – Das sei bis vor ein paar Jahren so gewesen. Inzwischen seien die Griechen so gut gerüstet, dass sie das Geld auch für andere Dinge ausgeben könnten. Oder jedenfalls einen Teil davon. – Und dann verrät Perikles der brodelnden Menge, welch einen wirtschaftlichen Segen sein Projekt darstelle: »Wir müssen die Überschüsse auf Werke lenken, die uns nach ihrer Vollendung ewigen Ruhm, während ihrer Ausführung aber allgemeinen Wohlstand versprechen.« Als erfahrener Politiker wusste Perikles, dass man mit dem Argument der Arbeitsplätze immer punkten kann: »So wird es Arbeit in Hülle und Fülle geben. Die vielfältigsten Aufgaben werden jedes Handwerk beleben und jeder Hand Beschäftigung bringen.«

Und so begannen denn im Jahr 447 v. Chr. die Arbeiten auf der Großbaustelle Akropolis. Gelegentlich schauten Besucher aus Rhodos, Samos oder einer anderen Geldgeberstadt vorbei und freuten sich, dass sie ihren Beitrag zur Leistungsschau der Athener hatten beisteuern dürfen – etwa in Form einer marmornen Säule für einen der Tempel oder in Gestalt einer Treppenstufe. Tatsächlich entwickelte sich die Akropolis in den folgenden Jahren zu einem wahren Schmuckstück. Die Oberaufsicht über die Arbeiten übertrug Perikles einem guten Bekannten, der bis heute als einer der größten griechischen Künstler gilt. Zu diesem Zeitpunkt war Phidias noch eher am Anfang seiner Karriere, später sollte er mit der Zeus-Statue im Tempel des obersten griechischen Gottes in Olympia eines der Sieben Weltwunder der Antike produzieren. In Athen aber befehligte er mit Unterstützung seines Freundes Perikles ein Heer von Arbeitern. Genannt werden in den Quellen Zimmerleute, Kupferschmiede, Steinmetzen, Goldarbeiter, Elfenbeinschnitzer, Sticker, Graveure – und dazu auch Färber und Maler. Deren Aufgabe war die farbige Gestaltung der Gebäude und der sie zierenden Figuren. Die Antike war bunt, Tempel und Götterfiguren strahlten einst in den schönsten Farben – in Blau, Gelb, Grün, Rosa. Erst der Zahn der Zeit und spätere Restaurationen führten dazu, dass sie marmorweiß wurden und man sich also die Antike in Weiß vorstellte. Mit speziellen Methoden wie dem Einsatz von ultraviolettem Licht können die originalen Farben heute rekonstruiert werden.

Ein schöner Körper ist desto schöner, je weißer er ist, schrieb Johann Joachim Winckelmann. Er wusste, dass die Antike bunt war, denn das steht bereits bei antiken Schriftstellern. Aber Farbe, so dozierte der Altmeister, trage zur Schönheit bei, sei aber nicht die Schönheit selbst. Theodor Mommsen hat sich nicht zur Farbe der Antike geäußert, weil er anders als Winckelmann kein Kunstexperte war. Ihn interessierte mehr das bunte Leben, die antike Kultur. Und damit hat er Maßstäbe gesetzt, die bis heute nichts von ihrer Aktualität und Modernität verloren haben.

Kompass Antike: Die Zeit – Der Raum – Wichtige Phasen

Die Menschen der Antike wussten natürlich nicht, dass sie in der Antike lebten. Für sie war ihre Zeit die Gegenwart. Erst nachfolgende Generationen machten aus der Antike die Antike. Es begann im 15. Jahrhundert mit Gelehrten, die sich nach alten Zeiten zurücksehnten und ihr Ideal bei den Griechen und den Römern entdeckten. Diesen Humanisten, wie man sie später nannte, folgten im 18. Jahrhundert die Vertreter der Klassik, die, rekrutiert aus Literaten und Kunstfreunden, den alten Kulturen weitere Lorbeerkränze flochten. Zur gleichen Zeit traten erstmals Historiker auf den Plan, mit der bis heute kanonischen Einteilung der Geschichte in Antike, Mittelalter und Neuzeit. Mit dieser Periodisierung wurden die Menschen der Vergangenheit, ohne dass sie daran noch etwas ändern konnten, bestimmten Epochen zugeteilt. Und die Historiker an den Universitäten und anderen Bildungsinstitutionen gehören seither klar definierten Abteilungen an. Im akademischen Sprachgebrauch heißen sie dementsprechend Althistoriker, Mediävisten und Neuzeitler.

Warum wird man eigentlich Althistoriker? Ist die Geschichte der Neuzeit nicht spannender und aktueller? Diese

Fragen werden mir häufig gestellt. Und ich gebe darauf immer zwei ernste Antworten und eine nicht so ernste Antwort. Die weniger ernste lautet: Im Gegensatz zum Zeithistoriker muss ich bei Vorlesungen und Vorträgen nicht befürchten, dass sich Zeitzeugen melden und sagen, es sei alles ganz anders gewesen. Die erste ernste Antwort lautet: Es ist ungemein faszinierend, aus dem Puzzle der Quellen, die für die Antike naturgemäß weniger üppig sprudeln als für spätere Epochen der Geschichte, ein Bild von dieser Zeit zu formen. Das gleicht nicht selten einer aufregenden Detektivarbeit. Und das zweite Argument: Die Antike steht am Anfang und bietet daher die einmalige Gelegenheit zu erforschen, wie die Menschen sich verhielten, als sie noch (fast) alles vor sich hatten – den Staat, die Stadt, die Politik, die Technik, den Krieg, den Frieden und vieles andere mehr, was uns heute als selbstverständlich erscheint.

In welcher Phase der Geschichte genau aber dürfen sich Althistoriker und überhaupt Anhänger der Antike zu Hause fühlen? Das muss geklärt sein, damit sie nicht, was fatal wäre, Geschichts- und Kulturfreunden, die eher mit anderen historischen Epochen sympathisieren, ins Gehege kommen. Zunächst einmal haben sie den unschätzbaren Vorteil, dass sie niemanden vor sich haben. Schließlich ist doch vor der Antike nichts gewesen, von der Steinzeit abgesehen – aber ist das wirklich so? Für die Gelehrten des 18. Jahrhunderts war die Sache klar: Antike – das waren die alten Griechen und Römer. Doch was war mit den Kulturen des Alten Orients? Die ersten Hochkulturen entwickelten sich, lange vor Griechen und Römern, in Mesopotamien und Ägypten, um 3000 v. Chr. Sichtbare Merkmale dieser frühen Zivilisationen waren die Erfindung der Schrift, Sternstunden der Architektur, die Entste-

Nicht nur Griechen und Römer ...
Wichtige Völker und Kulturen
der Antike

Kappadokier Germanen
Kelten Phönizier Phryger
Ägypter Sumerer Iberer
Lykier Makedonen
Babylonier Etrusker
Hethiter Uratäer Lyder
Skythen
Assyrer Perser
Karthager

hung von Städten und differenzierten Formen des Wirtschaftens, dazu bedeutende Leistungen auf dem Gebiet von Wissenschaft und Technologie. Nicht viel später legten frühe Kulturen im Nahen Osten und in Anatolien nach. Also beginnt die Antike um 3000 v. Chr.?

Ein Gelehrter wie Eduard Meyer hätte diese Ansicht ohne weiteres unterschrieben. 1855 wurde der berühmte Forscher in Hamburg geboren. Er starb 1930 in Berlin, wo er zuletzt als Professor für Alte Geschichte gelehrt hatte. Sein auch heute noch sehr lesenswertes Hauptwerk trägt den schlichten Titel *Geschichte des Altertums*. Das Vorhaben war überaus ambitioniert: Meyer wollte die Geschichte des *gesamten* Altertums schreiben. Und er begann nicht bei den Griechen, sondern bei den Ägyptern und den alten Völkern Mesopotamiens. Er konnte dies wagen, weil er, universal gebildet, auch Kenntnisse in den altorientalischen Sprachen und Schriften hatte und daher in der Lage war, die alten Quellen zu lesen und zu verstehen. So erschienen mehrere Bände, der erste 1884, der letzte 1902. Doch während er an den späteren Bänden arbeitete, waren viele Ausführungen in den ersten Bänden durch neue Forschungsergebnisse bereits wieder überholt, was wiederum bedeutete, dass diese Bände für neue Auflagen zu überarbeiten waren. Also musste Meyer erst einmal hinter sich selbst herschreiben, bevor er sich wieder dem eigentlichen

Plan widmen konnte, die Geschichte des Altertums bis zu den Griechen und den Römern fortzusetzen. Zu einem organischen Abschluss kam er indes nicht: Das Werk reicht nur bis zum Jahr 366 v. Chr. – an sich ein schönes, aber nicht gerade epochales und schon gar nicht eine historische Zäsur rechtfertigendes Datum. Die Römer hatten sich bis dahin zwar auch bereits in der Geschichte angemeldet, aber nur in bescheidenen Ansätzen, ihre größten Zeiten standen ihnen noch bevor. Auf sie mussten und müssen Meyers Leser aber weitgehend verzichten. Die *Geschichte des Altertums* von Eduard Meyer blieb ein voluminöser Torso.

Es war das letzte Mal, dass sich ein einzelner Gelehrter an einer solchen Herkules-Aufgabe versuchte. Eduard Meyer war der finale Vertreter der im Aussterben begriffenen und nach ihm tatsächlich ausgestorbenen Spezies des Universalhistorikers. Die verschiedenen Disziplinen der Altertumswissenschaften schritten in seiner Zeit mit hohem Tempo voran, entwickelten eigene Methoden und Arbeitsweisen, die von einem einzelnen Wissenschaftler gar nicht mehr zu überblicken waren: An die Stelle des Generalisten traten die Spezialisten. Alter Orient und Ägypten wurden zum Gegenstand eigener Fachbereiche. Visitenkarten mit der Aufschrift »Universalgelehrter« verschwanden aus den Brieftaschen der Wissenschaftler und wurden durch bescheidenere Klassifizierungen wie »Altorientalist«, »Ägyptologe« oder »Althistoriker« ersetzt.

Und so ist heute »die Antike« im klassischen Sinn wieder überwiegend die Zeit der Griechen und der Römer – auch wenn in den historischen Wissenschaften von einer isolierten Betrachtung der einzelnen Kulturen zum Glück keine Rede sein kann und man sich gerne zu den Nachbardisziplinen hin öffnet. Nur kommt es auf eine sinnvolle Arbeitsteilung an.

Wenn also primär Griechen und Römer die »Antike« konstituieren, so ist damit auch der geographische Rahmen vorgegeben. »Antike« ist dort, wo Griechen und Römer waren. Und da Griechen und Römer nicht nur in Griechenland und in Italien waren, ist der Raum ziemlich groß. Die Griechen hatten einen ausgeprägten Wandertrieb, besiedelten die Küsten Kleinasiens, Siziliens, Süditaliens, Südfrankreichs und sogar Spaniens. Die Römer wiederum hatten einen regen Eroberungstrieb, herrschten zu ihrer besten Zeit über ein Imperium, das sich von Spanien bis nach Syrien, von Nordafrika bis zu den Britischen Inseln erstreckte. Dazwischen gab es einen Alexander den Großen, der von Makedonien aus den gesamten Orient bis nach Indien unterwarf. Sich mit der Antike zu befassen heißt daher, in der Welt weit herumzukommen.

Beschränkt man die Antike auf Griechen und Römer, so ergibt sich der zeitliche Rahmen aus dem Beginn der Griechischen und dem Ende der Römischen Geschichte.

Am Anfang der Griechischen Geschichte steht die Insel Kreta. Hier etablierte sich in der ersten Hälfte des 2. Jahrtausends v. Chr. die »Minoische Kultur«, benannt nach dem sagenhaften König Minos. Die Minoer beherrschten das östliche Mittelmeer und bauten zu Hause opulente Paläste wie in Knossos oder Phaistos, die heute Ströme von Touristen anlocken. Die Kreter verfügten über eine Schrift, die man in der Wissenschaft »Linear A« nennt. Diese Bezeichnung legt den dringenden und zutreffenden Verdacht nahe, dass es auch eine Schrift namens »Linear B« gegeben hat. Diese wurde von den Mykenern benutzt, wie man – nach der Burg Mykene auf der nördlichen Peloponnes – jene kriegerische Kultur nennt, deren Glanzzeit zwischen 1400 und 1150 v. Chr. lag und die Homer in seinen Epen beschrieben hat – allerdings nicht in Linear B.

»Homer«, wenn es denn überhaupt einen Dichter diesen Namens gegeben hat, benutzte die Buchstabenschrift, die die Griechen im frühen 8. Jh. v. Chr. von dem im heutigen Libanon beheimateten Handelsvolk der Phönizier übernommen und durch die Hinzufügung von Vokalen komplettiert hatten.

Am Ende der Römischen Geschichte – und damit der Antike – steht das Ende Roms. Wäre die Sache so einfach, müssten sich die Gelehrten bis heute nicht darüber streiten, wo sie denn einen Schlussstrich hinter die Antike ziehen sollen. Aber geklärt werden muss die Frage, denn schließlich wollen auch die Mittelalter-Historiker wissen, wann die Antike endlich zu Ende ist und sie mit *ihrer* Geschichte beginnen dürfen. Nun ist es ohne Zweifel richtig, dass es das Römische Weltreich heute nicht mehr gibt, obwohl die Römer selbst auf dem Höhepunkt ihrer Macht der Meinung gewesen waren, ihr Imperium habe ein unbegrenztes Haltbarkeitsdatum – ein Irrtum, der auch aus späteren Epochen der Geschichte nicht ganz unbekannt ist.

Favoritenstatus genießt bei der Suche nach passenden Zäsuren das Jahr 476 n. Chr. Damals wurde, im Strudel der großen germanischen Völkerwanderung und weiterer Krisen, der letzte weströmische Kaiser mit dem beziehungsreichen Namen Romulus Augustulus abgesetzt. Bis zu Karl dem Großen – und das waren immerhin 324 Jahre – gab es danach im Westen keinen Kaiser mehr. Im Osten aber konnte sich das Oströmische Reich, das man auch das Reich von Byzanz nennt, deutlich länger behaupten. Der letzte in Konstantinopel residierende Kaiser verließ erst 1453 den Palast am Bosporus, als es den Türken unter dem osmanischen Sultan Mehmed II. gelang, das heutige Istanbul zu stürmen. Bis 1453 kann man jedoch die Antike unmöglich dauern lassen, jedenfalls nicht überall. Denn im Westen war zu dieser Zeit sogar das Mittelalter schon fast vorüber. Also empfiehlt sich eine getrennte Betrachtung, ausgehend von dem Epochenjahr 395, als nach dem Tod des Kaisers Theodosius I. das Römische Reich in ein Westreich und ein Ostreich geteilt wurde, mit der Demarkationslinie auf dem Balkan.

Im Angebot finden sich noch weitere Daten-Kandidaten für das Ende der Antike:

Zum Beispiel das Jahr 312: Da besiegte der römische Kaiser Konstantin der Große in der »Schlacht an der Milvischen Brücke« seinen innenpolitischen Kontrahenten Maxentius, führte den Erfolg, jedenfalls nach christlicher Überlieferung, auf die Hilfe des Christengottes zurück und gab sich seitdem als großzügiger Förderer dieser Religion, deren Anhänger zuvor noch systematisch verfolgt worden waren. Aus dem römischen Rom wurde daraufhin – nicht sofort, aber dafür umso nachhaltiger – das christliche Rom. Zugleich war dies eine (wenn auch nicht die einzige) wichtige Weichenstellung für den Siegeszug der späteren Weltreligion.

Oder das Jahr 565: Da starb der oströmische Kaiser Justinian, der den zunächst erfolgreichen, auf lange Sicht aber gescheiterten Versuch unternahm, das Rad der Geschichte zurückzudrehen und das ehemalige Weströmische Reich, wo mit den germanischen Nachfolgestaaten eigentlich schon das Mittelalter begonnen hatte, zurückzugewinnen und zusammen mit Ostrom zu einem christlichen Universalreich zu formen.

Historiker mit Sinn für Bildung werfen noch ein weiteres Datum in die Debatte. Sie sagen: Die Antike hörte 529 auf. Damals wurde, auf Anordnung Justinians, die berühmte Akademie in Athen, die einst von Platon gegründete Philosophen-Schule, geschlossen. Für freies Denken war im theokratischen Staat des christlichen Kaisers kein Platz. Jetzt wurde nicht mehr gedacht, sondern nur noch geglaubt. Diesen Vorgang halten nicht wenige Wissenschaftler, angesichts der vielen klugen Köpfe, die dort im Laufe der Zeit gelehrt hatten, für so gravierend, dass sie der nachfolgenden Zeit nicht mehr das Gütesiegel »Antike« anzuheften bereit sind.

Man kann noch viele weitere Daten nennen. Doch geht der aktuelle Trend in der Forschung mit guten Gründen eher dahin, nicht nach einem

Die 10 originellsten Gründe, die für den Niedergang der römischen Zivilisation angeführt wurden

1. Gicht
2. Bleivergiftung
3. Homosexualität
4. Prostitution
5. Regenmangel
6. Kinderlosigkeit
7. Staatsverdrossenheit
8. Umweltzerstörung
9. Überalterung
10. Schlemmerei

festen Termin, nach einem bestimmten Ereignis zu suchen, wenn es darum geht, die Antike zu verabschieden und das Mittelalter zu begrüßen. Die Absetzung eines Kaisers oder die Schließung einer Bildungsinstitution sind zwar sichtbare und markante Zäsuren. Sie beseitigen aber nicht längerfristige politische, wirtschaftliche und gesellschaftliche Strukturen.

Daher geht man von einem fließenden Übergang aus, der sich an verschiedenen Orten zu unterschiedlichen Zeiten vollzog. Und man spricht auch nicht mehr vom »Untergang Roms«, sondern präziser von der »Transformation des Römischen Reiches«. Tatsächlich lässt sich die früher gern gepflegte Vorstellung nicht mehr aufrechterhalten, die Germanen seien wie Heuschreckenschwärme über das Römische Reich hinweggefegt und hätten alles kurz und klein geschlagen. Der Übergang von der Herrschaft der Römer zur Herrschaft der Germanen vollzog sich, wie entbehrungsreiche, gleichwohl verdienstvolle Forschungen gezeigt haben, in vielen Bereichen in eher ruhigen Bahnen. Schließlich blieben Imperium Romanum und römisches Kaisertum auch für die mittelalterlichen Herrscher vorbildhaft, wie das Beispiel Karls des Großen zeigt. Und nicht umsonst gab es bis 1806 in Mitteleuropa ein Deutsches Reich, dass sich offiziell »Heiliges Römisches Reich« (mit dem Zusatz »deutscher Nation«) nannte.

Die Dinge müssen also differenziert betrachtet werden. Aber man hat natürlich auch gern Klarheit. Bei aller methodischen Behutsamkeit besteht auch ein Bedürfnis nach deutlichen Ansagen. Außerdem wollen sich Althistoriker und Mittelalterhistoriker nicht ständig über ihre Zuständigkeitsbereiche streiten müssen. So hat sich in der Geschichtswissenschaft als Konsens die Auffassung etabliert, die Antike bis etwa 500/550 dauern zu lassen. Jedenfalls im Westen. Denn im Osten gab es das beharrliche Byzantinische Reich, das bis 1453, wenn auch unter anderen Vorzeichen, wichtige Traditionen der Antike fortführte. Vor allem leiteten die Kaiser den Anspruch auf die Herrschaft von den alten römischen Herrschern ab. Wer als ausgesprochener Freund der Antike unter deren Ende im Westen leidet, kann sich also mit dem Faktum therapieren lassen, dass sie in Byzanz noch gut 900 Jahre länger währte.

Von den Minoern auf Kreta bis zum Ende des Römischen Reiches – dazwischen befindet sich ein dickes Paket voll mit spannender Geschichte. Um sich darin zurechtzufinden und nicht den Überblick zu verlieren, hat sich eine übersichtliche Einteilung in drei große Phasen bewährt. Kombiniert mit den wichtigsten Daten und Fakten, sind sie ein wichtiger Schritt auf dem Weg zum zertifizierten Expertentum in Sachen Antike.

Am Anfang steht die Geschichte der **Griechen**.

Nach der minoischen und mykenischen Ouvertüre kamen die »Dunklen Jahrhunderte« (12.–9. Jh. v. Chr.), so benannt, weil es aus dieser Zeit nur wenige Quellen gibt. Als die Griechen von den Phöniziern das Alphabet übernahmen, traten sie aus dem Dunkel der Geschichte hervor. Eine politische Einheit waren sie jedoch nicht, vielmehr bildete sich eine Vielzahl von unabhängigen Stadtstaaten, *poleis*, wie sie die Griechen nannten (Singular: *polis*). Was die Griechen als Griechen zusammenhielt, waren eine gemeinsame Sprache und eine gemeinsame Religion. Seit der Mitte des 8. Jh.s v. Chr. zogen die Griechen in Massen in die weite Welt hinaus, nicht als Eroberer, sondern als Landsuchende, weil Übervölkerung, Agrarkrisen und soziale Konflikte viele aus der Heimat trieben. Griechen begegnete man nun als Siedlern in einem Radius, der sich vom Schwarzen Meer und dem westlichen Anatolien über Süditalien und Sizilien bis hin nach Südspanien erstreckte.

Die militärisch ausgerichtete Polis Sparta war zu dieser Zeit die Nummer eins unter den griechischen Stadtstaaten. Das änderte sich im 5. Jh. v. Chr. nach der Abwehr der Perser, als die Athener sich mit ihrer Flotte in den Vordergrund kämpften und die spartanischen Rivalen im Kampf um Macht und Einfluss überrundeten. Der Gegensatz zwischen den beiden Supermächten mündete in den sogenannten Peloponnesischen Krieg (431–404 v. Chr.), aus dem Sparta zwar als Sieger hervorging – dessen eigentlicher Profiteur jedoch das Königreich Makedonien war. Lange Zeit hatten die mit den Griechen weitläufig ethnisch verwandten Makedonen im Windschatten der großen Geschichte gestanden. Entschlossen traten sie unter dem ambitionierten König Philipp II. in das Machtvakuum, das durch den Peloponnesischen Krieg entstanden war. In der

Zahlenspiele

Nicht immer erweisen wichtige Ereignisse aus der Geschichte späteren Generationen den Gefallen, an Daten stattzufinden, die man sich mit alten Schulreimen gut merken kann. Hier eine kleine, ganz subjektive Auswahl.

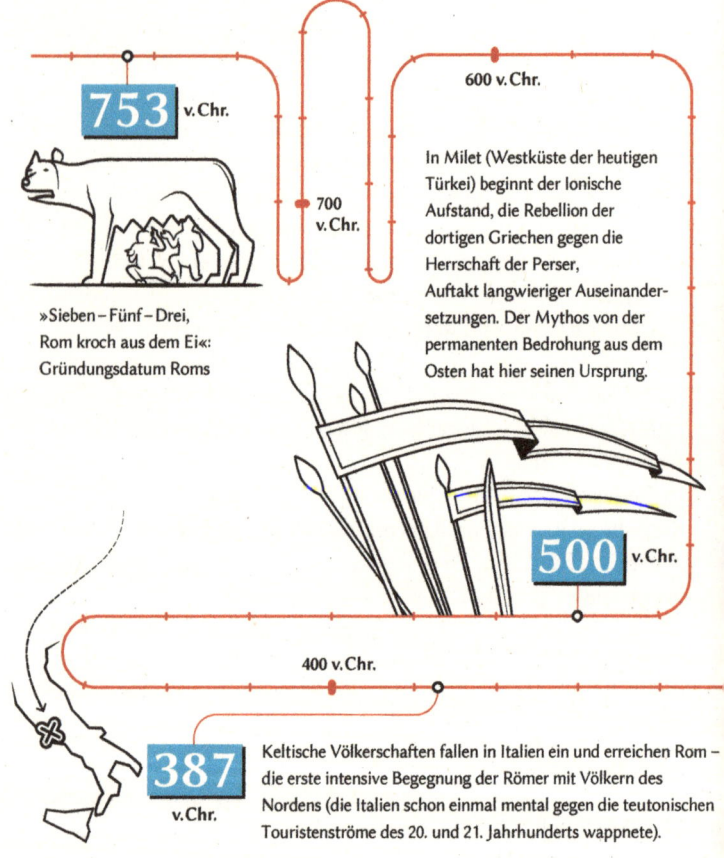

753 v. Chr.

600 v. Chr.

700 v. Chr.

»Sieben – Fünf – Drei,
Rom kroch aus dem Ei«:
Gründungsdatum Roms

In Milet (Westküste der heutigen Türkei) beginnt der Ionische Aufstand, die Rebellion der dortigen Griechen gegen die Herrschaft der Perser, Auftakt langwieriger Auseinandersetzungen. Der Mythos von der permanenten Bedrohung aus dem Osten hat hier seinen Ursprung.

500 v. Chr.

400 v. Chr.

387 v. Chr.

Keltische Völkerschaften fallen in Italien ein und erreichen Rom – die erste intensive Begegnung der Römer mit Völkern des Nordens (die Italien schon einmal mental gegen die teutonischen Touristenströme des 20. und 21. Jahrhunderts wappnete).

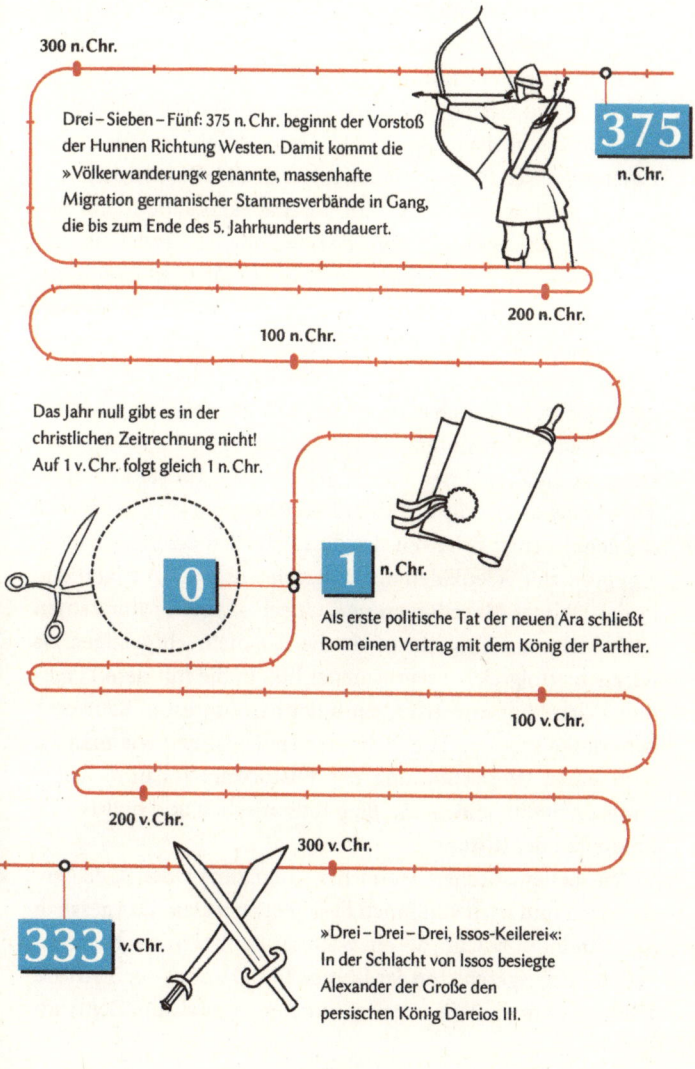

300 n. Chr.

Drei – Sieben – Fünf: 375 n. Chr. beginnt der Vorstoß der Hunnen Richtung Westen. Damit kommt die »Völkerwanderung« genannte, massenhafte Migration germanischer Stammesverbände in Gang, die bis zum Ende des 5. Jahrhunderts andauert.

375 n. Chr.

200 n. Chr.

100 n. Chr.

Das Jahr null gibt es in der christlichen Zeitrechnung nicht! Auf 1 v. Chr. folgt gleich 1 n. Chr.

0

1 n. Chr.

Als erste politische Tat der neuen Ära schließt Rom einen Vertrag mit dem König der Parther.

100 v. Chr.

200 v. Chr.

300 v. Chr.

333 v. Chr.

»Drei – Drei – Drei, Issos-Keilerei«: In der Schlacht von Issos besiegte Alexander der Große den persischen König Dareios III.

Schlacht von Chaironeia 338 v. Chr. besiegte Philipp eine Koalition griechischer Stadtstaaten und übernahm danach die Herrschaft in Griechenland.

Der Machtaufstieg der Makedonen ist eine der großen Zäsuren in der antiken Geschichte. Denn er leitete über zu der zweiten großen Phase, dem **Zeitalter des Hellenismus**.

Philipp II. wurde 336 v. Chr. unter spektakulären Umständen ermordet. Nachfolger wurde sein Sohn Alexander, den die Römer später »den Großen« nannten. In nur zehn Jahren unterwarf er das Reich der Perser und eroberte Asien bis zum Fluss Indus. Ein früher Tod (323 v. Chr.) hinderte ihn an weiteren Großtaten. Stattdessen stritten sich seine Generäle um das Erbe und stürzten sich in die – nach dem griechischen Wort für »Nachfolger« benannten – »Diadochenkriege«, die zu den turbulentesten Zeiten der Antike gehören. Sie führten zu einer Aufteilung des riesigen Alexanderreiches. Die größten Stücke aus dem Kuchen sicherten sich die Dynastien der Ptolemäer in Ägypten, der Seleukiden in Vorderasien und der Antigoniden in der Heimat Makedonien und Griechenland. Später kamen noch kleinere Königreiche wie die der mehr ehrgeizigen als wirklich erfolgreichen Pergamener hinzu, die mit dem Pergamon-Altar aber immerhin eines der berühmtesten Bauwerke der Antike schufen. Die Phase des Hellenismus, wie man sie nach einer Wortschöpfung des Historikers Johann Gustav Droysen nennt, endete mit dem militärischen und politischen Eingreifen der **Römer**:

Die hellenistischen Herrscher taten ihnen den Gefallen, sich nach und nach von ihnen besiegen zu lassen. Das geschah im 2. und 1. Jh. v. Chr., als ein weiteres Kapitel in der hegemonialen Erfolgsgeschichte der Römer. Dabei war es der Stadt am Tiber nicht in die Wiege gelegt worden, einmal zum Zentrum eines Weltreiches zu werden, obwohl die Römer selbst, als sie sich im Zenit ihres Ruhmes sonnten, der Meinung waren, von den Göttern oder vom Schicksal zu Weltherrschern bestimmt worden zu sein. Der Aufstieg Roms zur führenden Macht zunächst in Italien und später im gesamten Mittelmeerraum war auch nicht das Ergebnis eines hemmungslosen Imperialismus. Vielmehr verstanden es die den Staat regierenden Adligen, machtpolitische Konstellationen zu ihren Gunsten zu nutzen. Mit dem Sieg über die Karthager und ihren Feldherrn Hannibal (201 v. Chr.) gewann Rom die Kontrolle über das westliche Mittelmeer. Danach kamen die hellenistischen Reiche an die Reihe. Am längsten hielt sich Ägypten, auch weil dessen letzte Königin Kleopatra die besondere Begabung hatte, römischer Prominenz wie Iulius Caesar oder Marcus Antonius das Gefühl zu vermitteln, sie würde sich für sie persönlich und nicht in ihrer Eigenschaft als Garanten ihrer Herrschaft interessieren.

Mit Augustus wurde 27 v. Chr., nach langen und heftigen Bürgerkriegen, aus der Republik eine Monarchie, von den Römern »Prinzipat« genannt. Eine Monarchie blieb Rom bis zum Sturz des letzten weströmischen Kaisers Romulus Augustulus 476 n. Chr. Unter Kaiser Traian, der zwischen 98 und 117 n. Chr. regierte, erreichte das Imperium, nach Kriegen gegen die Daker im heutigen Rumänien und die Parther im heutigen Irak und Westiran, seine größte Ausdehnung. Keine Macht zuvor hatte länger über ein Reich von solchen Dimensionen regiert. Deswegen gelten die Römer bis heute als historisches Musterbeispiel einer Weltmacht. Und man bewundert sie für ihr Geschick, diese vielen Völker, Kulturen, Traditionen und Mentalitäten über viele Jahrhunderte bis zu dem Epochenjahr 395 unter dem Dach der römischen Zivilisation vereint zu haben.

Prominentengalerie

Demetrios Poliorketes. Kimon. Lysandros. Ephialtes. Gaius Mucius Scaevola. Marcus Calpurnius Bibulus. Antoninus Pius. Caesar. Caesar? Caesar! – Gaius Iulius Caesar (so der vollständige Name) ist es gelungen, sich mit seinem Wirken einen hohen Bekanntheitsgrad bis in die heutige Zeit zu erarbeiten – anders als den anderen Genannten, obwohl auch sie zu ihrer Zeit mal sehr prominent im Rampenlicht der Geschichte standen:

Demetrios Poliorketes (der zweite Name bedeutet »Städtebelagerer«) war um 300 v. Chr. eine der führenden Figuren in den Diadochenkämpfen nach dem Tod Alexanders des Großen. Kimon war im 5. Jh. v. Chr. eine der prägenden Gestalten der athenischen Politik. Lysandros gestaltete im gleichen Jahrhundert die Geschicke der Stadt Sparta und war ein erfolgreicher Militär. Ephialtes war einer der Gründerväter der Demokratie in Athen. Gaius Mucius Scaevola spielte gegen 500 v. Chr. eine wichtige Rolle, als in Rom mit dem Ende des etruskischen Königtums die Republik eingerichtet wurde. Marcus Calpurnius Bibulus war 59 v. Chr. gemeinsam mit Caesar Konsul. Antoninus Pius war von 138 bis 161 n. Chr. römischer Kaiser.

Alles honorige, bedeutende Persönlichkeiten also. Und

doch wird heute bei einer Zufallsumfrage, auf einem beliebigen Marktplatz, bei allem Respekt, kaum jemand der Passanten sofort und spontan diese Namen historisch korrekt zuordnen können. Bei Caesar dürfte das anders sein. Was also hatte **Caesar**, was andere nicht hatten? Zum einen hat er dem politischen Geschehen seiner Zeit in besonderer Weise seinen Stempel aufgedrückt. Und zum anderen hat er selber ordentlich an seinem Ruhm und seinem Nachruhm gestrickt. Nicht alle ehemaligen und aktuellen Lateinschülerinnen und -schüler verbinden mit seinem Namen uneingeschränkt positive Assoziationen. *Gallia est omnis divisa in partes tres* – »Gallien in seiner Gesamtheit ist in drei Teile geteilt«. So beginnt Caesars *De Bello Gallico*, der Bericht über die Kriege, die er zwischen 58 und 51 v. Chr. in Gallien führte, ein Text, mit dem Generationen von Latein-Lernenden sich herumplagen durften und dabei – übrigens völlig zu Unrecht – eine schwer therapierbare Caesar-Aversion entwickelten. Aber: Caesar hat dieses Buch nicht geschrieben, um Schüler zu ärgern, sondern um dem Senat und den Mit-Römern zu zeigen, was für ein fähiger Feldherr und Politiker er war. Und dass er ein so schlichtes, dabei formvollendetes Latein beherrschte, kann man ihm nun wirklich nicht zum Vorwurf machen. Jedenfalls, ob positiv oder negativ besetzt, der Name Caesar ruft Assoziationen und Emotionen hervor.

Caesar, genau 100 v. Chr. geboren, war ehrgeizig. Und eitel. Antike Beobachter führten die Gewohnheit seiner späteren Jahre, stets und ständig einen Lorbeerkranz zu tragen, auf den Wunsch zurück, sein zunehmend lichter werdendes Haupthaar zu verbergen. Nach seiner Rückkehr aus dem Krieg in Gallien, durch den das heutige Frankreich in das Römische Reich integriert wurde, brachen in Rom erbitterte Bürgerkriege aus.

Wer hat's gesagt? Berühmte Sprüche – und wo sie hingehören

Alea iacta est: Die Würfel sind gefallen
Iulius Caesar – am 10. Januar 49 v. Chr., als er den Fluss
Rubico, die damalige Grenze zwischen Gallien und Italien,
überschritt und damit den Bürgerkrieg auslöste.

Ich weiß, dass ich nichts weiß
Der griechische Philosoph Sokrates (469–399 v. Chr.), für
den die Einsicht, erst einmal nichts zu wissen, Ausgangs-
punkt und Voraussetzung jeder Erkenntnis war.

Carpe diem: Nutze den Tag
Der römische Dichter Horaz (65–8 v. Chr.), der ein glühen-
der Anhänger des griechischen Philosophen Epikur war und
dessen hedonistische Lehre in diese kurze Formel fasste.

Ceterum censeo Carthaginem esse delendam: Im Übrigen bin
ich der Meinung, dass Karthago zerstört werden muss
sagte der römische Politiker Cato (der Ältere, 234–149
v. Chr.) am Ende einer jeden Rede im Senat so oft, dass die
Römer auch deswegen in den Dritten Punischen Krieg

Dahinter stand der Kampf um die Macht im Staat, ausgetragen
von zerstrittenen Adligen und Senatoren. Caesar wurde be-
schuldigt, die Republik zerstören zu wollen und nach der Alleinherrschaft zu streben. Er selbst wiederum warf den Gegnern vor, seine Leistungen für den Staat zu ignorieren und ihn
ins politische Abseits manövrieren zu wollen. 49 v. Chr. be-

(149–146 v. Chr.) zogen und an dessen Ende die Stadt Karthago tatsächlich zerstörten, was Cato nicht mehr miterlebte, weil er am Anfang des Krieges gestorben war.

Veni, vidi, vici: Ich kam, sah und siegte
Wieder Iulius Caesar, 47 v. Chr. nach der im Rekordtempo beendeten Schlacht von Zela (heutige Nordosttürkei) gegen den pontischen König Pharnakes II.

Nosce te ipsum: Erkenne dich selbst
lautete eine Inschrift auf dem Tempel des Gottes Apollon in Delphi, griechisch (in der Transkription): *gnothi seauton.*

Pecunia non olet: Geld stinkt nicht
sagte der römische Kaiser Vespasian, der von 69 bis 79 n. Chr. regierte, zwar nicht wörtlich, aber sinngemäß, als er die Einführung einer Latrinensteuer rechtfertigte.

Panta rhei: Alles fließt
verkündete der griechische Gelehrte Heraklit (ca. 550–480 v. Chr.) nicht in dieser, jedoch ähnlicher Weise und meinte damit, dass alles Seiende ständigen Veränderungen unterworfen sei.

gann der offene, bewaffnete Konflikt. Im Jahr darauf besiegte Caesar seinen wichtigsten Gegner Pompeius im griechischen Pharsalos. Nach einem Abstecher nach Ägypten, wo er die berühmte Liaison mit der 31 Jahre jüngeren Kleopatra einging und der Geliebten die königliche Stellung sicherte, schaltete er die restlichen Anhänger des Pompeius aus und ließ sich von seinen Freunden zum Diktator ernennen. Oder besser zum »Dictator«. Die lateinische Schreibweise ist wichtig, weil es sich dabei, im Gegensatz zum modernen Verständnis von »Diktatur«, um ein an sich reguläres Amt handelte und nicht um die technische Bezeichnung für jedwede Form der Gewaltherrschaft. Normalerweise aber war die Dictatur zeitlich begrenzt und dazu gedacht, eine akute Krisensituation zu bewältigen. Für Caesar aber war sie der äußere Rahmen einer nun absoluten Macht. Diese wurde ihm zum Verhängnis. Am 15. März des Jahres 44 v. Chr. (den »Iden« des März nach römischer Zählung) wurde er Opfer eines Attentats, an dem nicht weniger als 60 Senatoren beteiligt waren. 23 Dolchstöße trafen den Dictator, als er sich zu einer Senatssitzung begeben wollte. Nur einer war, wie die Obduktion ergab, tödlich. Augenzeugen gaben zu Protokoll, Caesar habe während der ganzen Aktion keinen Laut von sich gegeben. Andere schworen, er habe sich sterbend an Brutus gewandt – einen jungen Mann, den er eigentlich immer gefördert, der sich aber den Attentätern angeschlossen hatte –, mit den klassisch gewordenen Worten »Auch du, mein Sohn?«.

Kleopatra weilte zu diesem Zeitpunkt in Rom. Caesar hatte ihr eine Villa in der Stadt geschenkt. Sie war die Tochter von König Ptolemaios XII., dessen Ururahn Ptolemaios I. sich in den Diadochenkämpfen nach dem Tod Alexanders des Großen den Besitz des reichen Ägypten gesichert hatte. Also war auch Kleopatra, anders als die legendäre Nofretete, ethnisch keine Ägypterin, sondern eine Makedonin. Per Testament hatte der Vater sie und ihren Bruder als gemeinsame Herrscher über das Land am Nil eingesetzt. Doch es kam zum Streit, der Bruder vertrieb die Schwester vom Thron. Als Retter in der Not erwies sich Gaius Iulius Caesar. Nach dem Sieg über Pompeius kam er 48 v. Chr. nach Alexandria und erlag sofort dem Charme der Königin. Sie spannte ihn geschickt für ihre Zwecke ein. Caesar kämpfte brav und letztlich erfolgreich gegen den lästigen Bruder und dessen Helfer, siegte und setzte Kleopatra als Königin ein. Bald folgte sie ihm nach Rom. Caesar rechtfertigte die Vorbehalte seiner Ehefrau gegen diese Konstellation mit politischen Notwendigkeiten.

Caesars Kalender

Iulius Caesar brachte aus Ägypten den Kalender mit. Künftig rechneten auch die Römer nach dem Sonnenjahr zu 365 Tagen und alle vier Jahre mit einem Schaltjahr. Auf die Monatsnamen sind sie selbst gekommen. Sie bilden auch die unmittelbare Grundlage für die heutige Monatszählung. Weil bei den Römern bis zur Mitte des 2. Jh.s v. Chr. der März der erste Monat war, ergibt sich die scheinbare Kuriosität, dass der September (wörtlich: »der Siebte«) der 9. Monat ist – und entsprechend der Oktober (»der Achte«) der 10., der November (»der Neunte«) der 11. und der Dezember (»der Zehnte«) der 12. Monat. Der Juli hieß bis 44 v. Chr. Quinctilis (»der Fünfte«) und wurde dann zu Ehren Iulius Caesars in Juli umbenannt. Gleiches geschah mit dem August: Er hieß eigentlich Sextilis (»der Sechste«) und wurde 8 v. Chr. auf Veranlassung des Augustus nach ihm selbst umbenannt.

Nach Caesars Ermordung kehrte Kleopatra eiligst nach Ägypten zurück. In Rom brachen wieder Bürgerkriege aus, diesmal mit den Protagonisten Octavian, dem Adoptivsohn

Caesars, und Marcus Antonius (auch unter dem Kurznamen Mark Anton oder auch nur als Antonius bekannt). Um Zeit zu gewinnen, teilten sie das Römische Reich zunächst unter sich auf. Octavian erhielt den Westen, Marcus Antonius den Osten. Nach ihrer Devise, den jeweils wichtigsten Römer persönlich zu umgarnen, um von ihm politisch zu profitieren, gewann Kleopatra nun auch das Herz des alten Haudegens Marcus Antonius. Sie war ihm intellektuell so weit überlegen, dass sie letztlich mehr bekam, als sie sich jemals erträumt hatte. So vermachte Antonius ihr als nobles Geschenk die Insel Zypern, trennte sich von seiner römischen Frau, heiratete Kleopatra und bekam mit ihr zwei Kinder.

Doch dann war es mit dem großen Glück vorbei. Am 2. September 31 v. Chr. besiegte Octavian die vereinten Flotten des Antonius und der Kleopatra in der Schlacht bei Actium vor der Westküste Griechenlands. Antonius und Kleopatra flohen nach Alexandria. In aussichtsloser Lage beging die Königin am 12. August 30 v. Chr., 39 Jahre alt, Selbstmord – stilecht ägyptisch durch den Biss der Uräus-Schlange, der nach dem Glauben der Ägypter die sofortige Entrückung zum Sonnengott zur Folge hatte.

Octavian aber machte als **Kaiser Augustus** Karriere. Unter ihm wurde Rom wieder eine Monarchie und blieb es bis zum Schluss. Augustus regierte bis zu seinem Tod 14 n. Chr. Er schaffte es in die Weihnachtsgeschichte und verstand es, durch kluge Politik und geschickte Propaganda als Friedenskaiser in die Geschichte einzugehen. Dabei führte er so viele Kriege wie kaum ein anderer römischer Kaiser – etwa in Spanien und in Germanien. Doch »Frieden« hatte bei den Römern eine andere Bedeutung als heute. Es handelte sich nicht um einen Wert an sich, sondern Frieden (lateinisch *pax*) war ein Zustand, der nach römischer Ansicht nur durch einen vorhergehenden Krieg eintreten konnte. In diesem zeitgenössischen Verständnis war der Kriegskaiser Augustus tatsächlich ein Friedenskaiser. Als er starb, war er knapp 76 Jahre alt. Bestattet wurde er im Familien-Mausoleum auf dem Marsfeld in Rom, das noch heute, wenn auch in einem etwas desolaten Zustand, bewundert werden kann. Direkt nebenan steht die Ara Pacis – der Friedensaltar, ein Musterbeispiel der Selbstdarstellung eines Herrschers, der so virtuos Öffentlichkeitsarbeit in eigener Sache zu leisten vermochte.

Wer darf neben Caesar, Kleopatra und Augustus aus der Riege der damals aktiven Politiker oder Feldherren noch einen Platz in der Galerie absoluter Prominenz der Antike beanspruchen? Nach strengen Qualitätsmaßstäben und wenn nur drei weitere Plätze vergeben werden dürfen, fällt die Wahl auf Alexander den Großen, Hannibal und Nero.

Alexanders Traum platzte am Indus. Die Soldaten weigerten sich, weiterzumarschieren. Sie wollten nicht bis ans Ende der Welt. Genau dieses große Ziel aber hatte sich der König zum Abschluss seines Feldzuges in den Kopf gesetzt. Die Erde war eine Scheibe. Sie war umgeben vom *okéanos*, dem großen Weltmeer. Wenn keine Landmasse mehr kam, war das Ende der Welt erreicht. Aber Alexanders Soldaten hatten keine Lust mehr. 18 000 Kilometer lagen zwischen der Heimat Makedonien und dem Indus. 40 Tage Monsunregen hatten die Moral in den Keller sinken lassen. So blieb Alexander nichts anderes übrig, als den Rückweg anzutreten.

Das war im Jahr 325 v. Chr. Neun Jahre zuvor – da war Alexander gerade einmal 22 Jahre alt gewesen – hatte er mit seiner Armee den Hellespont überquert und einen einzigartigen Siegeszug angetreten. Es gilt ein Superlativ: Niemals zuvor hatte ein Einzelner in jüngeren Jahren in kürzerer Zeit ein so großes Reich erobert – immerhin das riesige Reich der Perser, das von der ruhmreichen Dynastie der Achämeniden regiert wurde und dessen letzter Vertreter Dareios III. nur der traurige Ruhm bleibt, Alexanders prominentestes Opfer gewesen zu sein. Der Rivale war besiegt, weite Teile Asiens unter Alexanders Herrschaft – doch er wollte mehr. Immer mehr. Das war die Kraft, die ihn antrieb. Bis ihm die Soldaten am Indus die Gefolgschaft verweigerten.

Alexander starb am 10. Juni 323 v. Chr. in Babylon. Woran, ist trotz vieler medizinischer Ferndiagnosen bis heute nicht genau bekannt. Und auch über sein Vermächtnis wird gestritten. War Alexander ein Visionär, der die Völker des Westens und des Ostens politisch und kulturell zusammenführen wollte? Oder war er nur ein kühl kalkulierender Machtpolitiker, dem es einzig und allein darauf ankam, Kriege zu führen und zu herrschen? – Den Römern war das egal. Sie adelten ihn mit dem Titel »Magnus« (»der Große«), und Feldherren wie Lucullus, Pompeius und Caesar versuchten, dem großen Eroberer-Vorbild nachzueifern. Bis heute ist Alexander unvergessen. Wer über so viele Völker und Kulturen herrschte, ist Teil der Erinnerung vieler Völker und Kulturen. Das gilt für Afghanistan genauso wie für Pakistan. Dort ist Alexander unter dem Namen »Iskander« bekannt. Und da Alexanders Zug durch Asien auch von der Gründung von Städten begleitet war, gehen dort viele auch heute noch existente Städte auf den umtriebigen Makedonen zurück – wie etwa Iskenderun im Süden der Türkei.

Hannibal schwor seinem Vater Hamilkar, als er neun Jahre alt war, für immer und ewig ein Feind der Römer zu sein. Die historische Glaubwürdigkeit dieser Anekdote liegt im nicht mehr wahrnehmbaren Tiefenbereich. Sie wurde von den Römern konstruiert, um glaubhaft zu machen, dass Hannibal die Schuld am »Zweiten Punischen Krieg« trug. So bezeichnet man heute jene Auseinandersetzung zwischen Rom und Karthago, die von 218 bis 201 v. Chr. dauerte und die auf das engste mit dem Namen Hannibal verbunden ist. Karthago war im 9. Jh. v. Chr. von den aus dem Libanon stammenden Phöniziern gegründet worden (von den Römern wurden die Phönizier »Punier« genannt). Im heutigen Tunesien gelegen, entwickelte sich die Stadt zu einer prosperierenden Metropole. 264 v. Chr. eskalierten die wachsenden Spannungen mit den in Italien expandierenden Römern – der Erste Punische Krieg zog sich bis 241 v. Chr. hin und endete mit einem römischen Sieg.

Der Zweite Punische Krieg brach aus, weil Hannibal – er war gewählter Feldherr – die Ergebnisse des ersten Krieges revidieren wollte und weil die Römer auf alles, was die Karthager taten, mit Nervosität reagierten. Von Spanien aus zog Hannibal im Herbst 218 v. Chr. nach Südfrankreich und fiel über die Alpen nach Italien ein – ein Coup, der ihm ewigen Ruhm bescherte. Das Unternehmen war umso spektakulärer, als sich im Tross auch 40 Kriegselefanten befanden, von denen jedoch nur einer die strapaziöse Überquerung des Hochgebirges überlebte. Das tat der anfänglichen Erfolgssträhne jedoch keinen Abbruch. Vielmehr überraschte Hannibal die konsternierten Römer mit einem Siegeszug ohnegleichen. Höhepunkt war die für Rom desaströse Schlacht bei Cannae in Apulien (216 v. Chr.). Danach blieb Hannibal noch 14 Jahre in Italien und avancierte damit zu einem Kenner dieses schönen Landes – jedoch weniger in touristischer oder lukullischer Hinsicht. Vielmehr verzichtete er auf den von allen erwarteten

Gefeiert werden die Sieger. Die Verlierer stehen im Abseits. Eine Reverenz an tragische Gestalten

Die größten Verlierer der Antike – real ...

1. **Krösus:** Der steinreiche König der Lyder verlor sein Reich, weil ihn das Orakel von Delphi in die Irre führte: wenn er mit seinem Heer den Fluss Halys überschreite, werde er ein großes Reich zu Fall bringen. Es war sein eigenes.
2. **Pyrrhos:** Der König von Epirus gewann im 3. Jh. v. Chr. im Kampf gegen die Römer zahllose Schlachten, verlor den Krieg aber trotzdem. Daher kommt der Begriff »Pyrrhus-Sieg«.
3. **Xerxes:** Der Großkönig der Perser sicherte sich nach der Invasion Griechenlands einen Tribünenplatz am Strand, um aus nächster Nähe zu sehen, wie seine Flotte bei der Insel Salamis die griechischen Schiffe versenkt. Doch es kam genau andersherum.
4. **Alkibiades:** In seiner Karriere erlebte der athenische Politiker und Feldherr einen atemberaubenden Wechsel von Licht und Schatten. Erst gefeierte Lichtgestalt, schickte er die Flotte nach Sizilien, wo sie eine desas-

Sturm auf die Hauptstadt Rom und versuchte stattdessen die Bundesgenossen der Römer auf seine Seite zu locken, was an sich nicht unvernünftig war. Letztendlich scheiterte das Projekt, weil Roms Partner loyal blieben. 202 v. Chr. kehrte Hannibal nach Afrika zurück. Bei Zama zog sein Heer gegen die nun angreifenden Römer den Kürzeren, der Krieg war verlo-

tröse Niederlage erlitt. Er floh nach Sparta, kehrte zurück, feierte ein Comeback, verlor eine Seeschlacht, floh zu den Persern und wurde dort getötet.

5. **Zenobia:** Die Fürstin aus der Oasenstadt Palmyra nannte sich auf dem Höhepunkt ihrer Macht sogar römische Kaiserin, doch sie stürzte tief und starb unter ungeklärten Umständen.

... und fiktiv

1. **Ödipus:** Ohne es zu wissen, tötete der Namensgeber des Ödipus-Komplexes den Vater und heiratete die Mutter.
2. **Hektor:** Der Prinz von Troja verlor den entscheidenden Kampf gegen seinen griechischen Rivalen Achill.
3. **Hephaistos:** Der griechische Gott der Schmiede war mit der schönen Aphrodite verheiratet, die ihn aber durch ständiges Fremdgehen düpierte.
4. **Remus:** Er sollte mit Romulus gemeinsam Rom gründen, doch er wurde von dem Bruder erschlagen.
5. **Dido:** Die Königin von Karthago konnte Aeneas, den Stammvater der Römer, nicht zum Bleiben bewegen und tötete sich aus Liebeskummer auf dem Scheiterhaufen mit einem Schwert.

ren. Hannibal kam auf die römische Fahndungsliste, verdingte sich in Griechenland und Kleinasien als Söldnerführer und beging 183 v. Chr. in Libyssa in Bithynien – dem heutigen Gebze in der Türkei – Selbstmord, gerade noch rechtzeitig, um den römischen Verfolgern nicht ins Netz zu gehen.

Selbstmord beging auch **Nero**, seines Zeichens römischer

Kaiser von 54 bis 68 n. Chr. Doch nicht deswegen steht er auf allen Rankinglisten berühmter Persönlichkeiten der Antike ganz weit oben. Nero haften drei Etiketten an: Muttermörder, Brandstifter und Christenverfolger. Zwei dieser Anschuldigungen stimmen nicht.

Richtig ist nur, dass er – allerdings schlimm genug – seine Mutter Agrippina töten ließ, die ihm, als er knapp 17 Jahre alt gewesen war, den Weg zur Macht überhaupt erst geebnet hatte. Der Großbrand, der im Sommer 64 n. Chr. große Teile der Hauptstadt Rom zerstörte, geht nicht auf Neros Konto. Das Feuer hatte andere Ursachen. Doch die Menschen meinten damals, Nero sei schuld, auch, weil er betont hatte, er suche nach einer Gelegenheit, um die Stadt schöner und größer zu machen. Tatsächlich gab er kurz darauf den Bau des »Goldenen Hauses«, einer prächtigen Palastanlage im Zentrum von Rom, in Auftrag. Dafür stand nach dem Inferno nun genug Platz zur Verfügung. Um die Kritiker zu besänftigen, suchte Nero nach einer Gruppe, der er die Verantwortung für den Brand in die Schuhe schieben konnte, und fand sie in der damals noch überschaubaren Christengemeinde von Rom, die überwiegend aus Migranten aus dem Orient bestand. Sie wurden in einem schrecklichen Schauspiel in einem Park am Tiber hingerichtet und verbrannt. Um »Christenverfolgungen« im eigentlichen Sinne, so, wie sie später in Rom sehr oft vorkamen, handelte es sich hierbei aber nicht. Es ging nicht gegen die Christen an sich, es hätte auch jede andere stigmatisierte Randgruppe treffen können. Hauptsache, so das grausame Kalkül des Kaisers und seiner Berater, man konnte dem römischen Publikum Leute präsentieren, denen eine Tat wie der Brand zuzutrauen war. Die Christen galten damals als Sonderlinge und Außenseiter, weil sie nicht an den staatlichen Kulten teilnahmen und stattdessen in Privathäusern ihre eigenen Gottesdienste abhielten. Der römische Historiker Tacitus, der über den Brand von 64 ausführlich berichtete, warf den Christen »Hass auf das Menschengeschlecht« vor.

Als Rom brannte, soll Nero zur Lyra gegriffen und ein selbstkomponiertes Lied auf den Untergang von Troja gesungen haben. Zynismus? Perfidie? Grausamkeit? Wohl eher das Verhalten eines Kaisers, der sich für einen begnadeten Musiker hielt, perfekt das Metier der Inszenierung der Macht beherrschte und seine Umwelt mit nicht enden wollenden Konzerten plagte, so dass sich manche der Besucher tot stellten, um das Theater verlassen zu dürfen. Kurz bevor er starb, soll er ausgerufen haben: »Welch ein Künstler geht mit mir zugrunde!« Vom Senat wegen vieler Untaten zum Staatsfeind erklärt, beging Nero am 9. Juni 68 Selbstmord – mit Hilfe eines Sklaven, den er um Assistenz beim Durchbohren mit dem Schwert gebeten hatte.

Kluge Köpfe, große Geister

»Schon die alten Griechen/Römer kannten ...« – die Fußbodenheizung, die Mähmaschine, das automatische Puppentheater, den Flaschenzug, das Atom, die Chirurgie, die Kugelgestalt der Erde und vieles andere mehr. So liest man häufig in Artikeln, die sich mit (scheinbar) modernen Errungenschaften in Wissenschaft und Technik befassen und deren Autoren dann mit Erstaunen feststellen, dass es das in der Antike auch schon gegeben hat. Warum eigentlich nicht? Man darf antiken Tüftlern und Gelehrten auch auf diesen Gebieten mehr zutrauen, als man auf den ersten Blick denkt. Eine kleine Auswahl an Beispielen antiker Spitzenforschung zeigt das Potential, das in dieser Hinsicht in der Antike steckte.

Thales von Milet: Ein Genie muss der Mann aus der griechischen Handelsmetropole an der Westküste der heutigen Türkei gewesen sein. Hier wehte der innovative Wind aus dem Orient frische Ideen hinein, die er aufgriff und weiterentwickelte. Thales' Lebensdaten lassen sich auf 625 bis 547 v. Chr. berechnen. In einer Zeit, in der man natürliche Phänomene auf das Wirken der Götter zurückführte, überraschte er mit der Lehre, dass die Grundsubstanz der Welt und alles Existierenden das Wasser sei. Er sagte, wohl dank babylonischer Schaltzyklen, die Sonnenfinsternis vom 28. Mai 585 v. Chr. voraus und erweiterte das Repertoire der Mathematik um »seinen« Satz, der da lautete: Wenn von einem Dreieck zwei Ecken die Eckpunkte eines Halbkreises bilden und die dritte Ecke irgendwo auf dem Halbkreis liegt, dann bilden die beiden Schenkel an dieser dritten Ecke immer einen rechten Winkel. Die Erde, so lehrte er weiter und verwandelte sich damit in einen Geographen, ist eine Scheibe, die auf dem Ozean schwimmt. Wenn es auf dem Meer einen Sturm gibt, kommt es zu Erdbeben. Mit dieser Theorie wird man heute auf seismologischen Fachkongressen nicht mehr für Furore sorgen. Aber die These war die Geburtsstunde der geophysikalischen Deutung einer Erscheinung, die nach damals geltender Auffassung in das Ressort der Götter gehörte.

Hippokrates: 90 Jahre alt soll er geworden sein – für einen Arzt ein überzeugendes Alter. Hippokrates, Urahn aller Mediziner, lebte zwischen 460 und 370 v. Chr. Er wirkte vor allem auf der Ägäis-Insel Kos, wo er auch geboren worden war. Vor Hippokrates sagte man: Krankheiten kommen von den Göttern. Hippokrates sagte: Krankheiten haben eine organische

Ursache. So wurde er zum Begründer der Diagnostik. Und mehr noch: Er hatte auch Therapien parat. Dazu gehörte das, was die Griechen »Diätetik« nannten, ein Vorläufer heutiger Diät- und Fitnessprogramme. Außerdem war er der Erfinder der Humoralpathologie, die bis in die Neuzeit hinein in der Medizin eine wichtige Rolle spielte. »Humor« heißt eigentlich Flüssigkeit, und Hippokrates machte vier den Körper regulierende Säfte aus: Blut, Schleim, gelbe und schwarze Galle. Gerät die Mischung der Säfte in Unordnung, ist der Mensch krank. Spätere Ärzte unterschieden nach dieser Lehre unter den Menschen vier Temperamente: den Sanguiniker, den Phlegmatiker, den Choleriker und den Melancholiker.

Thukydides: Er setzte als Historiker Maßstäbe. Der Athener, der von etwa 460 bis 396 v. Chr. lebte, hat nur ein einziges Werk veröffentlicht, aber das hatte es in sich. Die *Geschichte des Peloponnesischen Krieges*, den die griechischen Supermächte Athen und Sparta und ihre jeweiligen Verbündeten 27 Jahre lang gegeneinander führten, hat Thukydides in einer Weise seziert, die bis heute gültige Maßstäbe setzte. Als Erster unterschied er deutlich zwischen den Anlässen und den eigentlichen Ursachen des Krieges. Und selbstbewusst verkündete er, er habe mit diesem Buch einen »Besitz für immer« geschaffen. Denn er wollte zwar alles Wichtige zum Peloponnesischen Krieg schreiben. Doch mehr noch war es seine Absicht zu analysieren, warum Menschen überhaupt Kriege führten – und ob es möglich sei, aus der Geschichte zu lernen. Seine Antwort war pessimistisch, oder, wenn man so will, realistisch: Kriege wird es immer geben, denn der Mensch ändert sich nicht. Er wird sich immer von dem Streben nach Macht leiten lassen, weil dies fest in seiner Natur verankert ist. Und so wird sich auch Geschichte immer wiederholen – eine Prognose, die sich, wenigstens in Bezug auf die Kriege, bekanntlich bewahrheitet. Und wozu dient dann überhaupt die Beschäftigung mit Geschichte, wenn sie doch nie etwas Neues zu bieten hat? Weil sie, so die Auskunft des größten Historikers der Antike, den Menschen in die Lage versetzt, aktuelle Abläufe vor dem Hintergrund vergleichbarer Konstellationen der Vergangenheit besser einzuordnen und zu verstehen.

Sokrates – Platon – Aristoteles: Das sind Namen, bei denen man gesellschaftlich und bildungstechnisch fast gezwungen ist, in intellektuelle Andacht und Ehrfurcht zu verfallen. Sokrates, Platon und Aristoteles bilden die Trias der klassischen griechischen Philosophie. Sie dachten über Gott und die Welt, über den Menschen und den Staat nach. Sokrates (469–399 v. Chr.) spazierte durch die Straßen von Athen und verwickelte die Menschen in Gespräche, um ihnen bei der Suche nach der Wahrheit zu helfen. Am Ende zwangen ihn die Athener per Gerichtsurteil zum Selbstmord, weil unbequeme Denker zu jener Zeit gerade nicht erwünscht waren.

Platon (428–347 v. Chr.) führte das Werk des Meisters und Lehrers fort. Mit der Akademie in Athen rief er eines der bedeutendsten Forschungszentren der Antike ins Leben. Aus seiner Feder stammen viele richtungsweisende Schriften wie die *Politeia* (*Der Staat*) oder die *Nomoi* (*Gesetze*). Darin fragte er nach der Beschaffenheit des idealen Staates und kam zu der seitdem nur selten realisierten Forderung, dass die Könige Philosophen und die Philosophen Könige sein sollten. Man kann dies auch auf die Formel verkürzen: Bitte etwas mehr Geist in der Politik! Berühmt wurde Platon darüber hinaus durch seine Ideenlehre. Es gibt, so lehrte er, einen Unterschied zwischen den Dingen und Ideen von den Dingen. Die Idee der Schönheit etwa ist unvergänglich und einmalig, dagegen gibt es beliebig viele, vergängliche schöne Dinge. Für alle, die Schwierigkeiten hatten, diese abstrakte Argumentation zu verstehen (das kam auch in der Antike schon mal vor), prägte Platon das Höhlengleichnis, dessen Kenntnis auch und gerade heute als Ausweis gediegener Bildung gelten darf: Menschen, die sich in einer Höhle befinden, sehen nicht das Licht, sondern nur die Schatten an der Wand. Die Ideen sind, im Gegensatz zu ihren Abbildern, außerhalb der sinnlichen Wahrnehmung. Alles, was der Mensch sieht, ist eine Widerspiegelung seiner Ideen.

Aristoteles (384–322 v. Chr.) gehörte zu Platons Schülerkreis. Das Spektrum seiner wissenschaftlichen Interessen war jedoch ungleich größer. Egal, ob Politik, Ethik, Poetik, Physik, Metaphysik, Meteorologie – Aristoteles hatte zu allem etwas zu sagen. Und das mit einem Intellekt von bestechender Schärfe und Logik. Was Aristoteles sagte, hatte immer Hand und Fuß, da gab es keine Widerrede. Seine Methode machte Schule. Vor ihm setzten sich Philosophen an den Schreibtisch und begannen nachzudenken, Aristoteles setzte sich nicht an den Schreibtisch, sondern wandelte umher. So hieß die Schule, die er in Athen gründete, denn auch *Peripatos*, »Wandelhalle«. Und während er vor sich hin wandelte, allein oder im Kreis seiner Schüler, setzte er auf Beobachtung und Wahrnehmung – auf Empirie, wie Philosophen sagen. In einem zweiten Schritt ging es dann darum, die Prinzipien zu erkennen, auf denen die beobachteten und wahrgenommenen Phänomene beruhten. Als Lehrer war Aristoteles allerdings offenbar nicht ganz so gut wie als Wissenschaftler. Sein prominentester Schüler Alexander ging in einem Maße eigene Wege, dass sein Lehrer Aristoteles nicht in den Chor der Bewunderer des Erobererkönigs einstimmte. Und sicher hätte er es auch nicht begrüßt, hätte der stets realistische Gelehrte gewusst, dass man den eigenwilligen Zögling später sogar »den Großen« nennen würde.

Archimedes: Der beste Ingenieur der Antike stammte aus Syrakus. Archimedes war Grieche, denn die Stadt auf Sizilien war eine alte griechische Gründung. Er lebte von 287 bis 212 v. Chr. Seine letzten Worte haben Kultstatus: »Störe meine Kreise nicht.« Er soll sie zu einem römischen Soldaten gesprochen haben, der ihn in seinem Garten aufgestöbert hatte, während er damit beschäftigt war, geometrische Figuren in den Sand zu zeichnen. Daraufhin soll er von dem wenig kommunikativen Eindringling mit dem Schwert getötet worden sein. Kurz zuvor hatten die Römer Syrakus gestürmt. Die Belagerung hatte sich lange hingezogen. Archimedes hatte zur Verteidigung der Stadt wahre Zauberwaffen geschaffen, etwa einen Kran, der mit seinen Greifarmen die römischen Schiffe im Hafen in die Höhe hob und sie dann ins Wasser fallen ließ. Die Kriegsapparate waren die Krönung seines höchst innovativen Erfinderlebens. Zu den Ruhmestaten des Archimedes gehörte die Entwicklung des »Archimedischen Prinzips« vom Auftrieb schwimmender Körper. Angeblich hatte er die Idee dazu in der Badewanne. Weniger glaubwürdig sind Berichte, wonach er nach der Entdeckung splitternackt durch die Stadt gelaufen sei und wiederholt »heureka« (»ich habe es gefunden«) gerufen haben soll. Noch mehrmals hatte er in seinem Forscherleben Anlass und Gelegenheit, »heureka« zu rufen – so, als er die Wasserschraube entwarf, den Flaschenzug konstruierte oder, da er sich auch in der Mathematik gut auskannte, die Zahl *pi* für die Berechnung des Verhältnisses zwischen dem Umfang eines Kreises und seinem Durchmesser festlegte.

Studiert hatte Archimedes, wie viele andere Forscher, an der berühmtesten Bildungsinstitution der Antike. Sie befand sich in Alexandria in Ägypten, war bald nach 300 v. Chr. von den griechisch-makedonischen Ptolemäerkönigen gegründet worden, die sich das attraktive Land am Nil aus der Erbmasse Alexanders des Großen gesichert hatten. Der offizielle Name dieses Zentrums für internationale Spitzenforschung trug den bescheidenen Namen »Museion«, abgeleitet von den Musen, eine Bezeichnung, die in dem Wort »Museum« fortlebt. Die Könige griffen tief in die Tasche, um Wissenschaftlern aus den verschiedensten Disziplinen – von der Mathematik über die Philologie, Astronomie und Chirurgie bis hin zu Technik und Mechanik – optimale Arbeitsbedingungen zu verschaffen. Eifersüchtige Kollegen, denen es nicht vergönnt war, dort zu arbeiten, sprachen neidvoll von Gelehrten, die wie »gemästete Hühner im Korb« lebten. Angeschlossen war dem Museion die mit 700 000 Büchern größte Bibliothek der Antike. Um sich mit dieser Rekordzahl schmücken zu können, scheuten die Verantwortlichen auch nicht vor dubiosen Methoden zurück. Reisende, die im Hafen von Alexandria ankamen, wurden von der Nachricht überrascht, dass ihre Reiseliteratur ab sofort zu den Beständen der königlichen Bibliothek gehöre.

Nicht nur die Großen …
Aspekte des Alltagslebens

Irgendwann im 1. Jh. v. Chr. übernachtete ein Mann mit dem vielversprechenden Namen Lucius Calidius Eroticus in einem Gasthaus in Mittelitalien. Am nächsten Morgen beglich er vor seiner Abreise beim Wirt die Rechnung. Dabei entwickelte sich der folgende Dialog:

»Wirt, lass uns die Rechnung machen.« – »Du hattest zwei Viertel Wein und Brot: macht ein As. Eine Mahlzeit: zwei Asse.« – »Geht in Ordnung.« – »Ein Mädchen: acht Asse.« – »Auch das geht in Ordnung.« – »Heu für das Maultier: zwei Asse.« – »Dieser Maulesel wird mich noch zugrunde richten!«

Dieser Wortwechsel ist auf einem Grabstein dokumentiert, den Lucius Calidius Eroticus für sich und seine Frau Fannia Voluptas, wie in der Antike üblich noch zu Lebzeiten, aufstellen ließ. Auf dem Stein befindet sich auch eine bildliche Darstellung, die diese Szene visuell präsentiert. Er gehört heute zu den Beständen des Pariser Louvre.

Einen solchen Text erwartet man nicht gerade auf einer Grabinschrift. Auch die Beinamen sind verdächtig: Eroticus und Voluptas (Letzteres kann man getrost mit »Verlangen« übersetzen). Ist die Szene vielleicht anders zu deuten? Vielleicht waren Calidius und Fannia die Besitzer des Wirtshauses, und der Gast, dem nur die Kosten für das Maultier Kopfzerbrechen bereiteten, nicht aber für das Mädchen, das offenbar zum Service des Etablissements gehörte, ein unbekannter Reisender. Wie auch immer: Stein und Text geben einen erfrischend direkten Einblick in das antike Alltagsleben. Dafür sind Inschriften, die sich in Massen erhalten haben, eine herausragende Quelle. Die Menschen der Antike waren in dieser Hinsicht außerordentlich auskunftsfreudig. Vieles wurde auf diese Weise (auf Stein, Bronze oder anderen dauerhaften Materialien) dokumentiert – wenn jemand gestorben war, wenn jemand geehrt wurde, wenn etwas gebaut wurde, wenn man den Göttern ein Geschenk machte.

So kennt man auch das Leben der »einfachen« Menschen gut – der Männer, Frauen, Jungen, Alten, Bauern, Händler, Kaufleute, Soldaten, Sklaven, Freigelassenen oder der Handwerker. Schaut man sich in der antiken Literatur um, so könnte man den Eindruck haben, die Vertreter dieser Berufsgruppe würden auf der Skala der gesellschaftlichen Reputation ziemlich weit unten rangieren. Philosophen wie Platon und Aristoteles machten kein Hehl aus ihrer Verachtung für Menschen, die in diesem Metier tätig waren. Überhaupt hielten sie körperliche Arbeit für etwas, was eines freien Mannes nicht würdig sei. Sie hatten gut reden: Sie gehörten zu den privilegierten Schichten, die von Haus aus reich waren, auch über landwirtschaftliche Güter verfügten, die sie verpachteten, und sich auch, weil sie über Sklaven verfügten, die ihnen die Arbeit abnahmen, in aller Ruhe der Politik oder der Wissenschaft widmen konnten. Wer sein Geld im Schweiße seines Angesichts zu verdienen hatte, wurde despektierlich »Banause« genannt – ein Begriff, der sich über die Zeiten hinweg einen Platz im allgemeinen Schimpfwort-Repertoire gesichert hat. Original bezeichnete dieser Name den Ofenarbeiter (*baunos* ist das griechische Wort für »Ofen«) – also etwa einen Schmied.

Auszug aus der Speisekarte der Römer

Brei aus Spelzweizengraupen * Weizenbrot * Gebackene Singdrosseln in Fischsauce * Wildschweinragout * Fasanengehirn * Leber vom Papageifisch * Gegrillter Flamingo * Gemüse * Obst * Eis

... und dazu als Getränk

Reines Wasser (*aqua*) * Wasser mit Essig gemischt (*posca*) * Gekühlter Weißwein mit Honig (*mulsum*)

In Rom waren die Verhältnisse nicht anders. Sklaven, Handwerker, Lohnarbeiter waren das Rückgrat der Wirtschaft und mussten doch um soziale Anerkennung kämpfen. Und das haben sie auch getan. Gerne nutzten sie dabei die Grabsteine als Medien der Selbstdarstellung und als Werbeflächen in eigener Sache. Wie der Großbäcker Eurysaces. Der erfolgreiche, von den Adligen jedoch wegen des Umstandes, dass er für Geld arbeitete, nicht als ebenbürtig akzeptierte Unternehmer entwarf sein Grab in Rom in der Form eines nicht übersehbaren Backofens. Eine dazu gehörige Inschrift wies ihn als stolzen Geschäftsbesitzer aus. Aus der Hafenstadt Ravenna stammt der Grabaltar eines Zimmermanns, der speziell in der Schiffsbaubranche tätig war. Ein großes Bild zeigt ihn, im Schweiße seines Angesichts, bei der Ausübung seiner beruflichen Tätigkeit, eine Inschrift erklärt, dass er hier gerade bei der Arbeit sei – eine demonstrative Grußadresse an die reichen, müßig-gängerischen Adligen, ein selbstbewusster Hinweis auf das Ethos der Arbeit. Darauf mussten die Blaublütigen natürlich reagieren. Die opulenten Grabmäler, häufig so groß wie die Häuser der Lebenden, an den stadtnahen Abschnitten der Via Appia – begehrtestes Bauland bei Todesfällen innerhalb der Familie – zeugen von dem Bestreben der alten Dynastien, den Emporkömmlingen zu beweisen, was wahrer Luxus sei.

Der Name »Eurysaces« zeigt, dass der ehrgeizige Bäcker kein »echter« Römer war. Er oder seine Vorfahren stammten aus dem griechischen Raum. Das galt für viele Bewohner der Millionen-Metropole Rom. Die Stadt am Tiber zog die Menschen wie ein Magnet an. Sie kamen aus dem Orient, aus Afrika, aus dem Westen. Insofern war die Stadt Rom ein Spiegelbild der ethnischen Zusammensetzung des Imperium Romanum. Mit den vielen Menschen strömten viele neue kulturelle und religiöse Einflüsse nach Rom. Neben den alten Göttern fanden nun auch die ägyptische Isis, die anatolische Kybele oder der persische Mithras eine neue Heimat. Auch die ersten Christen waren Migranten aus dem Orient. Traian war 98 n. Chr. der erste Kaiser, der nicht aus Italien stammte. Seine Heimat war das südliche Spanien, das nach der Eroberung durch die Römer am Anfang des 2. Jh.s v. Chr. intensiv romanisiert wurde. Auch sein Nachfolger Hadrian, der von 117 bis 138 die Geschicke des Imperiums lenkte, war ein Spanier. Als er, noch nicht im Amt, seine erste Rede im erlauchten Kreis der Senatoren hielt, lachten sie ihn aus, weil er nicht gut Latein sprach. Diejenigen, die am lautesten lachten, beherrschten die Sprache wahrscheinlich noch weniger, denn zu dieser Zeit saßen auch schon Griechen und Syrer in der ehrwürdigen Versammlung. Großzügig gingen die Behörden mit der Verleihung des römischen Bürgerrechts um. So wurden aus Fremden Römer. Römer zu sein bedeutete in der Kaiserzeit nicht mehr, in Rom oder Italien geboren worden zu sein. »Römer« wandelte sich von einem ethnischen zu einem rechtlichen Begriff.

Ein El Dorado für die antike Alltagsgeschichte ist die Stadt Pompeji. Zu Füßen des Vesuv, in der fruchtbaren Landschaft Kampanien gelegen, wurde sie im August 79 n. Chr. von einem verheerenden Ausbruch des Vulkans komplett verschüttet und nicht wieder aufgebaut. Unter der dicken Lavaschicht blieben die Reste einer Stadt konserviert, die mitten aus dem Leben gerissen worden war. Pompeji war mit seinen etwa 20 000 Einwohnern eine Stadt im Aufbruch. Denn 17 Jahre zuvor waren weite Teile der Stadt durch ein Erdbeben zerstört worden. Überall wurde gehämmert und gesägt. Bauunternehmer durften sich über gut gefüllte Auftragsbücher freuen, Bauarbeiter waren gefragt wie nie. Die lokale Gastronomie witterte gute Geschäfte und passte sich den neuen Verhältnissen an. Fast an jeder Straßenecke entstanden Garküchen, heutigen Schnellimbissen vergleichbar. Hier gab es für eilige Arbeiter billiges Fastfood. Erbsen, Bohnen und Linsen standen besonders hoch im Kurs.

Aber in Pompeji wurde nicht nur gearbeitet. Die Stadt bot Einwohnern und Gästen Entspannung der verschiedensten Art. Allein 40 Bordelle standen zur Verfügung, Lateinisch: »Lupanare«, abgeleitet von dem Wort »lupa«, was wiederum »Wölfin« bedeutete. Das war der antike Tarnname für Prostituierte. Für viele Touristen war der Besuch eines Lupanars der absolute Höhepunkt eines Besuches in Pompeji. In der Beliebtheitsskala ganz vorne lag das zweigeschossige Gebäude in der – nach der von den Ausgräbern vorgenommenen Einteilung der Stadt – 7. Regio, dort im 12. Wohnbezirk, Hausnummer 18. Auch die modernen Besucher stehen hier gerne Schlange, um die freizügigen Fresken bestaunen zu können. Vordergründig könnten diese Verhältnisse zu der auch in vielen Spielfilmen vermittelten Vorstellung führen, dass es sich bei Pompeji um ein regelrechtes Sündenbabel handelte. Doch sollte man dabei nicht übersehen, dass sexuelle Freizügigkeit und eben auch Prostitution ein normaler und auch überhaupt nicht stigmatisierter Bestandteil des Alltagslebens war.

Auch was das Kulturleben der Stadt unter dem Vesuv anbelangte, gab es ein reiches Angebot. Je nach Anspruch konnte man zwischen drei Institutionen wählen. Wer es klassisch mochte, war im Odeion gut aufgehoben, wo sich maximal 1000 Zuhörer an Konzerten oder an dichterischen Rezitationen erfreuen konnten. Gleich nebenan befand sich das größere Theater, das 5000 Menschen Platz bot. Ihre Interessen waren anders gelagert: Sie kamen, um Komödien, gerne auch derber Natur, seltener, um ernste Tragödien zu sehen. Am lautesten ging es im Amphitheater zu, in das 20 000 Menschen passten. Die Arena von Pompeji war das erste steinerne Theater dieser Art. Gebaut wurde sie gut 140 Jahre vor dem berühmten Kolosseum in Rom. Hier bekamen die Zuschauer Gladiatorenspiele und Tierhetzen zu sehen, Veranstaltungen von der Art also, wie sie das Image der Römer in der Neuzeit so nachhaltig geprägt haben – »Brot und Spiele« lautet die bekannte Formel. In Pompeji gab es von beidem genug.

Einmal war das Amphitheater von Pompeji Schauplatz von gewalttätigen Ausschreitungen, im Jahr 59 n. Chr., als in Rom Kaiser Nero regierte. Ausnahmsweise hatte der exzentrische Herrscher bei den skandalösen Vorgängen nicht direkt die Hände im Spiel. Zu den Gladiatorenspielen waren damals auch Gäste aus der benachbarten Stadt Nuceria (das ist das heutige

Nocera) erschienen. Statt den Kämpfen der Gladiatoren zuzusehen, die dafür immerhin bezahlt wurden, gingen die Einheimischen und die Angereisten plötzlich selbst aufeinander los. Das Ganze mündete in eine wüste Schlägerei, es gab Verwundete und sogar Tote. Zur Strafe mussten die Pompejaner, nach einem Beschluss des Senats in Rom, für die Dauer von zehn Jahren auf das Vergnügen verzichten, Spielen im Amphitheater beizuwohnen.

Zwar etwas geordneter, nicht aber viel ruhiger ging es in den Bädern zu, an denen in Pompeji ebenfalls kein Mangel herrschte. Eine Luxusausführung boten die sogenannten Stabianer Thermen, zugleich die älteste Anlage der Stadt. Hier badeten die Pompejaner bereits im 2. Jahrhundert v. Chr., je nach Lust und Laune im Warmbad, Laubad oder Kaltbad. Die Wärme wurde durch eine Fußbodenheizung produziert, die unter dem griechischen Namen »Hypokausten« firmierte (es waren griechische Ingenieure gewesen, die als Erste auf die Idee kamen, mit einer unter dem Fußboden installierten Feuerungsanlage Wärme nach oben zu schaufeln). Wenn ein Pompejaner in die Thermen ging, dann nahm er sich für den restlichen Tag nichts weiter vor. Denn die antiken Bäder waren nicht einfach Bäder, sondern echte Wohlfühltempel mit vielen Dienstleistungen der besonderen Art. Besonders frequentiert waren die Massage-Abteilungen, in denen der Kundschaft die Muskeln gelockert und wohlriechende Essenzen verabreicht wurden. Aber auch integrierte Bibliotheken, Lokale und Sportplätze konnten sich nicht über mangelnden Zuspruch beklagen.

Wie es in einer Therme zuging, hat der römische Schriftsteller und Philosoph Seneca anschaulich am Beispiel des Modebades und Prominenten-Kurortes Baiae am anderen Ende des Golfes von Neapel beschrieben. Da ist von dröhnendem Lärm und wildem Gekreische die Rede. Verursacher sind trainierende Athleten, Salber, deren Hände geräuschvoll auf die Schultern der Opfer klatschen, und Ballspieler, die laut ihre Ballberührungen mitzählen. Andere Leute genießen das Bad, indem sie laut singen, wiederum andere springen begeistert und mit Schwung ins Becken und erfreuen sich – im Gegensatz zu den Mitbadenden – an dem tosenden Aufspritzen des Wassers. Dazu kommen die Stimmen der Wursthändler und der Kuchenverkäufer, die ihre Waren anpreisen. Am meisten nervt den geplagten Seneca aber die Tätigkeit eines Thermen-Angestellten, dessen Beruf auf der nach oben hin offenen Liste der originellsten Tätigkeiten der Antike ganz ohne Zweifel einen Spitzenplatz einnimmt. Die lateinische Bezeichnung hört sich noch ziemlich harmlos an: *alipilus*. Die deutsche Übersetzung ist schon eher geeignet, Empfindungen der schmerzhaften Art hervorzurufen. Ein *alipilus* ist ein »Haarausrupfer«, ein Bediensteter, häufig ein Sklave, der zum Personal des Unternehmens Therme zählte und der die an sich verdienstvolle Aufgabe hatte, die Kundschaft von lästigen Haaren, vor allem in den Achselhöhlen, zu befreien. Seneca litt genauso wie der arme Patient, den er bei der Prozedur beobachtete: »Dazu kommt die dünne, schrille Stimme eines Haarausrupfers, der immer schreien muss, um sich bemerkbar zu machen, und erst dann schweigt, wenn er einem die Achselhaare ausrupft, woraufhin dann der Gerupfte losschreit.« Edle Einfalt und stille Größe? Wohl doch eher eine Welt, in der gehasst und geliebt, gesägt und gezimmert, phantasiert und geschwindelt wurde.

Antike aktuell

Zugegeben: Die Auswirkungen des Zweiten Weltkrieges auf die Gegenwart sind größer als die des Peloponnesischen Krieges, den Athen und Sparta zwischen 431 und 404 v. Chr. gegeneinander führten. Und man kann sich auch ganz gut in der heutigen Welt zurechtfinden, ohne alles über die Punischen Kriege zwischen Römern und Karthagern im 3. und 2. Jh. v. Chr. zu wissen. Auf der anderen Seite braucht sich die Antike, auch wenn sie schon ziemlich lange her ist, nicht völlig vor späteren Epochen der Geschichte zu verstecken, wenn es darum geht, Aktualität nachzuweisen. Vier herausragende Beispiele sollen, stellvertretend für weitere, den Beweis für diese Behauptung erbringen.

Olympische Spiele

Die ersten Olympischen Spiele der Neuzeit fanden 1896 in Athen statt. Griechenland war als Austragungsort gut gewählt, denn damit knüpften die Organisatoren um den französischen Baron Pierre de Coubertin an eine antike Tradition an, die sich bis ins Jahr 776 v. Chr. zurückverfolgen lässt (aus diesem Jahr

Olympia-Glossar

Agon – der griechische Begriff für »Wettkampf«

Olympiade – Eine Olympiade bezeichnet nicht, wie im heutigen Sprachgebrauch, die Spiele an sich, sondern den Zeitraum von vier Jahren zwischen den Spielen. Insofern gab man in der Antike auch eine Jahreszahl nach der Nummer der Olympiade an.

Olympionike – Nicht jeder Teilnehmer an den Olympischen Spielen war ein Olympionike, sondern nur ein Olympiasieger (*nike* heißt auf Griechisch »Sieg«).

Pentathlon – Fünfkampf mit den Disziplinen Laufen, Springen, Diskus, Speer, Ringen

Pankration – »Allkampf«, eine Kombination aus Boxen und Ringen

Stadion – Arena für sportliche Wettkämpfe. Ursprünglich ein griechisches Wegmaß – in Olympia definiert mit 192 Meter –, sekundär die Distanz für den Kurzstreckenlauf

ist die erste Siegerliste überliefert). Allerdings fanden die Olympischen Spiele der Antike nicht in Athen, sondern im heiligen Hain von Olympia im Nordwesten der Peloponnes statt. Eigentlich ging es in Olympia nicht um Sport, jedenfalls nicht in erster Linie. Der Ort war vielmehr eine gutbesuchte Pilgerstätte, hier befand sich das wichtigste Heiligtum des obersten Gottes Zeus. Doch die Griechen verbanden Religion gerne mit Wettkampf und Spiel, eine Passion, der auch das griechische Theater seine Entstehung verdankte, das aus szenischen Darbietungen im Zusammenhang mit dem Kult des Weingottes

Dionysos entstanden war. In Olympia fanden in einem Rhythmus von vier Jahren große Festspiele zu Ehren des Zeus statt, die zu einer festen Institution im Kalender der Griechen wurden. Die vier Jahre waren nicht willkürlich gewählt: In den drei Jahren dazwischen waren andere griechische Städte Gastgeber der sportlichen Wettkämpfe, die es an Popularität und Bedeutung aber nicht mit Olympia aufnehmen konnten.

Teilnehmen durften nur Griechen, nicht »Barbaren«, wie die Hellenen alle Nichtgriechen nannten, wegen der für ihre Ohren unverständlichen Laute, die sie von sich gaben und die so eklatant mit ihrem eigenen, melodischen Sprachempfinden kollidierten. In der römischen Zeit wurde das Teilnehmerfeld internationaler. 67 n. Chr. nahm sogar Kaiser Nero teil, stürzte beim Wagenrennen und erhielt von den Schiedsrichtern trotzdem den Siegespreis – nicht etwa wegen guter Haltungsnoten beim Sturz, sondern weil die Griechen wussten, wie man einen Kaiser wie Nero behandeln musste, wenn man etwas von ihm wollte. Tatsächlich erklärte der Herrscher die Griechen großzügig für frei.

Frauen waren in Olympia zu keiner Zeit dabei. Nicht einmal als Zuschauer durften sie den Veranstaltungen beiwohnen, jedenfalls dann nicht, wenn sie verheiratet waren. Wurden verheiratete Frauen im Stadion ertappt, drohten drakonische Strafen. Wie aus zuverlässiger antiker Quelle verlautet, warf man sie dann von einem hohen Felsen hinunter. Nicht mitgeteilt wird, warum ausgerechnet verheiratete Frauen ausgeschlossen wurden. Befürchtete man etwa, die eheliche Treue könne bei einem kritischen Vergleich des Aussehens austrainierter Athleten mit der Konstitution des eigenen Ehemannes ins Wanken geraten? Für Aufsehen sorgte in der Mitte des 5. Jh.s v. Chr. der Fall einer als Mann verkleideten Trainerin.

Die korpulente Frau war die Tochter eines Olympiasiegers im Faustkampf. Sie wollte auch ihren Sohn zum Olympiasieger machen, brachte ihn in Männerkleidern in Form und wurde in dieser Aufmachung denn auch Zeuge, wie der Sohn den Wettbewerb gewann. Vor Freude sprang sie über eine Absperrung, blieb aber mit den Kleidern hängen – und löste damit einen der ersten Skandale in der an Skandalen reichen Geschichte der Olympischen Spiele aus.

Erfolgreichster Olympionike aller Zeiten war der Ringer Milon aus Kroton in Süditalien. Im 6. Jh. v. Chr. war er der absolute Superstar. Er brach alle Rekorde, gewann sechs Mal in Olympia, errang außerdem 25 Siege bei anderen großen Sportveranstaltungen. Seine sagenhaften Kräfte verdankte er einer speziellen Diät. Täglich soll er 20 Pfund Fleisch, dazu die gleiche Menge Weizenbrot verspeist haben. Abgerundet wurde die opulente Mahlzeit durch 10 Liter Wein. Auch die psychologische Kriegsführung war ihm nicht fremd. Einmal, so wird erzählt, hievte er einen ausgewachsenen Stier auf seine Schultern und trug ihn in das vollbesetzte Stadion von Olympia, dann schlachtete er das Tier und verspeiste es an Ort und Stelle. Im anschließenden Kampf hatten die geschockten Gegner des Kolosses aus Kroton keine Chance.

Am Ende des 4. Jh.s n. Chr. – ganz genau: im Jahr 393 – wurden die Olympischen Spiele eingestellt. Grund: Dem christlichen Kaiser Theodosius missfiel es, dass die Veranstaltung offiziell immer noch zu Ehren des paganen Gottes Zeus stattfand. Erst gut 1500 Jahre später, eben 1896, wurde die Institution in Athen erfolgreich wiederbelebt, unter etwas anderen Vorzeichen.

**Staat, Politik, Gesellschaft –
Was wir (sprachlich)
von den Griechen haben**

Autarkie Monopol
Polis Tyrann
Demokratie Plutokratie
Kosmopolit Matriarchat
Ökologie Demoskopie
Politik Ökonomie
Oligarchie Aristokratie
Polizei Monarchie
Patriarchat
Xenophobie Metropole
Hegemonie Autonomie

Die erste Demokratie der Weltgeschichte war die Demokratie im antiken Athen. Darauf weisen griechische Politiker gerade heute gerne hin, wenn sie sich von ihren europäischen Partnern/Gegnern mal wieder allzu sehr drangsaliert fühlen. Was hatten denn, könnten sie stolz argumentieren, Germanen, Gallier oder Briten an staatlichen Errungenschaften aufzuweisen, als die Athener bereits so fortschrittlich waren, das Volk selbst über seine Geschicke bestimmen zu lassen? Einige Stammeshäuptlinge, die das Geschehen diktatorisch bestimmten – das war auch schon alles. In Athen aber gab es im 5. Jh. v. Chr. eine veritable Demokratie. Allerdings zunächst auch *nur* in Athen – in den anderen griechischen Stadtstaaten hatte der Adel viel und das Volk nichts zu sagen. Umso spannender ist die Frage, wie gerade die Athener auf die Idee gekommen sind, eine Herrschaft des *demos*, des »Volkes«, zu installieren.

Das Überraschende dabei: Die Demokratie in Athen war nicht das Ergebnis einer zielgerichteten Politik. Sie ist eher zufällig entstanden. Aber als sie da war, haben sich die meisten Athener vehement zu ihr bekannt. Hinter der Demokratie stand nicht der Wunsch des Volkes, mehr zu sagen zu haben, sie war nicht, wie in späteren Zeiten, das Ergebnis von Umstürzen oder Revolutionen. Hervorgegangen ist die beste aller Verfassungsformen aus Adelskämpfen, bei denen sich die beteiligten Familien und Gruppen gerne der Hilfe des Volkes bedienten und ihm im Erfolgsfall politische Partizipation versprachen. Bei dieser Demokratisierung von oben wurde eine Reihe von Reformen auf den Weg gebracht, verbunden mit den Namen von politischen Ikonen wie Drakon, Solon, Kleisthenes und Perikles.

Die athenische Demokratie war eine direkte Demokratie. Jeder Bürger konnte unmittelbar am politischen Geschehen mitwirken, entweder in einem der demokratischen Gremien – Volksversammlung, Rat, Gerichte – oder auf einem der vielen politischen Posten, die zu vergeben waren. Es gehörte zum demokratischen Verständnis der Athener, dass die Ämter grundsätzlich nicht durch Wahl, sondern per Los besetzt wurden. Bei einer Wahl bestand nach ihrer Auffassung die Gefahr, dass sachfremde Aspekte wie Sympathie und Antipathie, Netzwerke und sonstige Abhängigkeiten eine zu große Rolle spielten. Nur bei den obersten Militärs war man vorsichtiger. Hier vertraute man mehr auf gewählte Fachleute als auf ausgeloste Funktionsträger, die möglicherweise überhaupt keine Erfahrungen mit dem militärischen Geschäft hatten. Die Amtszeit war auf ein Jahr begrenzt – man misstraute offenbar Politikern, die zu lange auf ihrem Posten saßen; da häufte sich, so meinte man, zu viel Macht an, und Dauerregierende würden sich zu sehr vom Volk entfernen.

Die Polis Athen bestand aus der Stadt und dem Umland Attika. Im 5. Jh. v. Chr. lebten hier etwa 300 000 Menschen – so viele, wie heute etwa in Mannheim, Karlsruhe oder Münster. Nur etwa zehn Prozent, also 30 000, verfügten über die vollen demokratischen Rechte, und zwar Männer über 18 Jahre, die im Besitz des Bürgerrechts waren. Ausgeschlossen waren Frauen, Sklaven, ortsansässige Fremde. Es mag nach modernen Kategorien wenig demokratisch erscheinen, wenn so viele Menschen sich nicht an der Politik beteiligen durften. Aber man muss bedenken, wie die Verhältnisse vor Einführung der Demokratie gewesen waren, als ausschließlich die Häupter der alten Adelsfamilien – nicht mehr als 100 Leute – bestimmten, was im Staat passieren sollte.

Von den 30 000 Berechtigten übten jedoch auch nicht alle ihre demokratischen Rechte aus. Ein Bauer beispielsweise, der 42 Kilometer von Athen entfernt in Marathon wohnte, überlegte es sich nachvollziehbarerweise gut, ob er in der Haupterntezeit den beschwerlichen Weg in die Hauptstadt antreten sollte, um dort in der Volksversammlung über eine Erhöhung der Gebühren für die Benutzung öffentlicher Sportplätze zu debattieren. So blieben viele zu Hause und kümmerten sich lieber um ihre Arbeit. Manchmal war die Volksversammlung gähnend leer. Doch eine Demokratie ohne Demokraten kann nicht funktionieren, und so kam man auf die Idee, Diäten einzuführen – Geldzahlungen als Anreiz, zu den Versammlungen zu kommen, für diejenigen, die andernfalls zu Hause blieben. Wie man weiß, zahlt der Staat auch heute den Parlamentariern Diäten, allerdings nicht, damit sie überhaupt erscheinen, sondern, wie es offiziell in Artikel 48 des Grundgesetzes der Bundesrepublik Deutschland heißt, weil sie »Anspruch auf eine angemessene, ihre Unabhängigkeit sichernde Entschädigung« haben. In Athen jedenfalls hatte die Einführung der Diäten den gewünschten Erfolg. Die auf dem Land lebenden Bürger strömten nun wieder in die Stadt, kassierten ihr Geld, lauschten aufmerksam den Reden, die gehalten wurden, und beteiligten sich, vorbildliche Demokraten wie sie waren, eifrig an den Abstimmungen.

Ein Scherbengericht gibt es in modernen Parlamenten nicht mehr – allenfalls im übertragenen Sinn. In Athen dagegen kam es in regelmäßigen Abständen in der Volksversammlung zu einem solchen Verfahren, dem »Ostrakismos«, nach óstrakon, dem griechischen Wort für »Scherbe«. Dabei handelte es sich um eine frappierend einfache und doch auch originelle Form des Verfassungsschutzes. Wenn ein oder mehrere Politiker in Verdacht gerieten, gegen demokratische Regeln zu verstoßen und vielleicht sogar nach einer Alleinherrschaft (die Griechen sprachen von Tyrannis) zu streben, so konnte eine Abstimmung beantragt werden. Die Anwesenden schrieben den Namen ihres Kandidaten, also desjenigen, dem sie derartige Bestrebungen unterstellten und den sie deswegen gerne in die Verbannung schicken würden, auf eine Tonscherbe (dies war der billigste Beschreibstoff – antikes Recycling sozusagen), dann wurde ausgezählt. Wer am häufigsten genannt worden war, musste die Stadt für zehn Jahre verlassen. Weil bei dieser Praxis dem Missbrauch Tür und Tor geöffnet war – manchmal sammelten einzelne Politiker ihre Klientel oder kauften auch Stimmen, um missliebige Konkurrenten loszuwerden –, kam das Scherbengericht allerdings bald aus der Mode.

Griechenland – Wiege und Mutterland der Demokratie. Auch heute ist Griechenland eine Demokratie, allerdings nicht mehr die Demokratie von früher. Heute stellen sich Parteien zur Wahl; der Ministerpräsident wird nicht gelost; man darf mehr als ein Jahr regieren. Hier wie überall, wo es Demokratien gibt, hofft man, dass sie stabil bleiben. Das athenische Beispiel macht Mut, denn die früheste Demokratie der Weltgeschichte ging nicht an sich selbst zugrunde. In den Wirren

nach dem Tod Alexanders des Großen nahmen die Makedonen 322 v. Chr. Athen und Attika ein und ersetzten die Demokratie durch eine Oligarchie, also eine Regierung aus wenigen
(*oligoi*) Männern.

Christentum

Weltweit gibt es aktuell etwa zwei Milliarden Christen. Bei einer
Weltbevölkerung von 7,3 Milliarden Menschen entspricht dies
einem Anteil von rund 30 %: Keine andere Religionsgemeinschaft kann sich über eine so große Zahl von Gläubigen und
Anhängern freuen. Die Hälfte sind Katholiken und somit dem
päpstlichen Oberhirten im Vatikan anvertraut. In Deutschland
gibt es gegenwärtig 50 Millionen kirchlich organisierte Christen, 24 Millionen gehören der katholischen, 23 Millionen der
evangelischen Kirche an. Der Rest verteilt sich auf die grie-
chisch-orthodoxe Kirche und verschiedene Freikirchen.

Zwei Milliarden Christen: das ist mehr, als das Römische
Reich zum Zeitpunkt seiner größten Ausdehnung überhaupt
Einwohner hatte. Im 2. Jh. n. Chr. lebten zwischen Syrien und
Spanien, Nordafrika und Britannien ungefähr 70 Millionen
Menschen. Die wenigsten von ihnen waren in dieser Zeit Christen. Ganz anders 200 Jahre später. Am Ende des 4. Jahrhunderts
waren sie alle Christen, jedenfalls formell, nach dem Willen von
Kaiser Theodosius I., der mit einer Reihe von Dekreten alle anderen Religionen verbot. Die alten römischen Götter hatten
ausgedient und landeten ebenso in der kultischen Rumpel-
kammer wie die keltischen, die germanischen, die iberischen,
die syrischen, die ägyptischen oder die anatolischen Götter.

Der Grundsatz der religiösen Toleranz und Liberalität, der

alle antiken Staaten und Gesellschaften prägte, war damit radikal außer Kraft gesetzt worden. Zwar hatte es in der römischen Kaiserzeit immer wieder staatlich organisierte Christenverfolgungen gegeben, doch dabei war es nicht um die Religion an sich gegangen. Die Menschen konnten glauben, was sie wollten, wenn man dadurch nicht die öffentliche Sicherheit gefährdet sah. Aber gerade das, so meinte man, war bei den Christen der Fall. Die römischen Kaiser, Senatoren und Behörden waren voller Argwohn gegenüber einer Religion, die nicht, wie üblich, ihre Gottesdienste offen und transparent, sondern im Geheimen durchführte. Eine solche stigmatisierte Gruppe war willkommenes Opfer, wenn es darum ging, in Krisen Schuldige zu finden.

Theodosius aber setzte nun dogmatisch auf das Christentum. Und zwar auf das nach seiner und der seiner klerikalen Unterstützer Meinung »richtige« Christentum katholischer Ausprägung. »Katholisch« bedeutete in dieser Zeit, sich von den zu Irrlehren deklarierten alternativen Deutungen des Christentums, wie sie vor allem von den Arianern propagiert wurden, zu distanzieren (die Arianer bestritten die göttliche Gleichwertigkeit von Gott Vater und Gott Sohn). Wer nicht richtig glauben wollte, *musste* nun daran glauben, und dies auch im übertragenen Sinn – die frühe Kirche war nicht zimperlich, was den Umgang mit ihren Gegnern anging.

Auf dem Weg zur Staatsreligion spielte ein weiterer römischer Kaiser eine zentrale Rolle, der im allgemeinen Bewusstsein als »der« christliche Kaiser rangiert und gerne »der Große« genannt wird. Konstantin der Große, der von 306 bis 337 regierte, machte das Christentum rund 80 Jahre vor Theodosius' Edikt zu einer, wie es damals hieß, »erlaubten« Religion. Dabei ist nicht sicher, eigentlich sogar eher unwahrscheinlich, dass

Konstantin wirklich selbst zu einem Christen geworden war und er sich deshalb so vehement für diese Religion einsetzte. Er war wohl eher nur insoweit Christ, als er das politisch verwertbare Potential des Christengottes erkannt hatte. Deswegen verbündete er sich mit den Christen, förderte sie nach Kräften, indem er Privilegien gewährte, Kirchen baute und seine bald auch als Heilige verehrte Mutter Helena ins Heilige Land schickte. Sie kam mit einem Splitter vom Kreuz Jesu zurück und löste damit eine Welle christlicher Pilgerreisen nach Jerusalem aus. Als Souvenir brachten die frommen Reisenden ebenfalls Splitter des Heiligen Kreuzes mit – sie sollten in der Summe bald für 100 Kreuze ausreichen.

Die Förderung durch die Kaiser Konstantin und Theodosius war für das Christentum wichtiges Kapital auf dem Weg zur Weltreligion. Konstantin aber war, bildlich gesprochen, nicht der Lokführer; er sprang auf einen mit Christen vollbesetzten Zug auf und kletterte, weil er der Kaiser war, auf den Führerstand. Dass das Christentum auch vorher schon aus sich selbst heraus stark war, zeigt gerade die Tatsache, dass die Kaiser großes Interesse an einer strategischen Partnerschaft hatten. Natürlich profitierte das Christentum davon, dass es in einer Region entstanden war, die zum Römischen Reich gehörte. Die vorhandene Infrastruktur ließ sich optimal nutzen, um den Glauben zu verbreiten. Dazu gab es im Osten des Imperiums viele Städte: allein dadurch, dass es hier viele Menschen gab, wurde der Ideentransfer begünstigt. Da das Christentum, obwohl aus dem jüdischen Kontext stammend, in einer hellenistisch geprägten Umwelt entstand, verständigte man sich ohne Schwierigkeiten auf Griechisch.

Das alles waren äußere Umstände, die auch anderen Religionen Nutzen bringen konnten. Dass aber heute zwei Milliarden Menschen nicht an Isis oder Mithras, sondern an Jesus Christus glauben, hatte seine Ursache darin, dass das Christentum über spezielle Alleinstellungsmerkmale verfügte, wie das folgende 4-Punkte-Paket zeigt:

Punkt 1: Die attraktive Lehre. Die Botschaft, die aus Judäa zunächst in die Nachbarschaft, dann überall ins Römische Reich ausgesendet wurde, war gewissermaßen die richtige Botschaft zur richtigen Zeit. Die christliche Lehre verband bekannte Elemente der orientalischen Mysterienreligionen mit hellenistischen Glaubensvorstellungen, garnierte sie mit positiv stimmenden Extras wie Nächstenliebe und Vergebung und kreierte damit einen Mix, der zumal für die unteren sozialen Schichten von hoher Attraktivität war.

Punkt 2: Die Mission. Das Christentum war die einzige antike Religion, die systematisch und planmäßig Werbung in eigener Sache betrieb. Entscheidend war dabei die Absprache der beiden führenden Köpfe des frühen Christentums. Petrus war konservativ, wollte nur Juden zu Christen machen. Doch stimmte er Paulus zu, als dieser das revolutionäre Konzept entwarf, die Mission auch auf die nichtjüdische Bevölkerung auszudehnen, unter Verzicht auf Vorschriften wie die Beschneidung.

Punkt 3: Netzwerk. Keine antike Religionsgemeinschaft war so gut organisiert wie die Christen. Sie knüpften ein engmaschiges Netz von Gemeinden, die intensiv miteinander kommunizierten. Innerhalb der Gemeinden gab es eine klare hierarchische Struktur: An der Spitze stand der gewählte »Episkopos« (»Bischof«), assistiert von einem Gemeinderat (den »Presbytern«) und den das operative Geschäft betreibenden »Diakonen« und »Diakonissen« (wörtlich »Helfer« und »Helferinnen«). So effizient sich diese Organisation erwies, eigentlich war sie eine Verlegenheitslösung gewesen. Die Führer der Christen warben um neue Anhänger mit der Aussicht auf die »Parusie«, die baldige Rückkehr des Herrn mit dem Eintritt des Gottesreiches. Als der Herr nicht kam, wurden viele frisch geworbene Christen ungeduldig, drohten sogar, sich religiös wieder anders zu orientieren. Als Reaktion darauf wurde ein Gemeindeleben aktiviert, das mit Gottesdiensten und anderen Veranstaltungen die Wartezeit verkürzen sollte. Zusätzlich bemühten sich in dieser Zeit (in der zweiten Hälfte des 1. und der ersten Hälfte des 2. Jahrhunderts) kundige Theologen wie die Evangelisten um die Stabilisierung des schwindenden Glaubens.

Punkt 4: Karitatives Engagement. Nächstenliebe war für die frühen Christen nicht nur eine leere Formel. Vielmehr schrieben sie die Fürsorge für die Schwachen und die Außenseiter der Gesellschaft auf ihre Fahnen. Diakone und Diakonissen waren unermüdlich unterwegs, um praktische Hilfe zu leisten – bei Krankheit, bei Armut, überhaupt bei allen Sorgen und Nöten, die so anfallen konnten. Weil der Staat keine systematische Sozialpolitik betrieb, waren die Christen höchst willkommene Samariter. Und viele sagten sich: Was muss das für eine Religion sein, die so freundliche Leute produziert! Und so bekannten sich viele zum Christentum, weil sich dessen Vertreter im alltäglichen Leben so unentbehrlich machten.

Nahostkonflikt

14. Mai 1948, 16:30 Uhr, Museum von Tel Aviv. Der spätere Ministerpräsident David Ben Gurion verliest eine Erklärung zur Gründung des neuen Staates Israel und führt dabei gleich zu

Beginn aus: »Im Lande Israel trat das jüdische Volk ins Leben. Hier wurde sein geistiges, religiöses und politisches Gesicht geformt. Hier führte es sein Leben in staatlicher Selbständigkeit. Hier schuf es nationale und universelle Kulturgüter und schenkte der Welt das unvergängliche Buch der Bücher. Mit Gewalt aus seinem Land vertrieben, hielt es ihm allenthalben in der Fremde die Treue und hörte niemals auf, die Rückkehr in sein Land und die Wiederherstellung seiner politischen Freiheit in ihm zu erflehen und zu erhoffen.«

Der Rückgriff auf biblische Zeiten und die Vertreibung in die Diaspora war nicht bloßes Produkt gut klingender Feiertagsrhetorik. Die Gründer des Staates Israel meinten es mit dem tiefen Griff in die Geschichte ernst. Die jüdische Bevölkerung lebte damals und lebt auch heute noch mit der Geschichte und aus der Geschichte. Gleiches gilt für die Araber. Der Nahostkonflikt begann nicht 1967 mit dem Sechstagekrieg, nicht 1948 mit der Gründung des Staates Israel und auch nicht am Ende des 19. Jahrhunderts mit der zionistischen Bewegung und der damit verbundenen massenhaften Einwanderung von Juden in jenes Land, das ihnen seit biblischen Zeiten als Land der Verheißung galt, das die dort seit dem 7. Jahrhundert lebenden Araber aber mit gleicher Vehemenz als ihr Land ansahen. Die Juden lebten und überlebten mit ihrer Religion und ihrem Gott, einem einzigen Gott. Nach den glanzvollen Zeiten eines Königs David und eines Königs Salomo im 10. Jh. v. Chr. sahen sie sich bis 1948 mit ganz wenigen Unterbrechungen dauerhaften Fremdherrschaften ausgesetzt – von den Assyrern über die Babylonier, die Perser, die Makedonen, die Ptolemäer, die Seleukiden, die Römer, die Byzantiner, die Osmanen bis hin zu den Engländern. Sie wagten in der Antike drei große Aufstände: den Aufstand unter den Makkabäern im 2. Jh. v. Chr., den

Krieg gegen die Römer (und Kollaborateure im eigenen Lager) zwischen 66 und 70 n. Chr., der mit der Zerstörung Jerusalems und des Tempels auf dem Tempelberg endete, sowie den Aufstand des Simon Bar Kochba, des »Sternensohnes«, zwischen 132 und 135 n. Chr. Nach diesem letzten Aufstand gab es in Palästina kaum noch Juden. Wer die Kriege und Aufstände überlebt hatte, lebte fern der Heimat in der Diaspora. Wer eine solche Geschichte hat, für den war die Gründung des Staates Israel 1948 etwas, was es mit allen Mitteln zu verteidigen galt – und gilt.

Aber auch die Gegenseite, die Araber, die Palästinenser, führen ihre Ansprüche auf das umstrittene Land auf sehr frühe Zeiten zurück. Kurz nach dem Tod des Propheten Mohammed im Jahr 632, der die zerstrittenen Araber unter dem Dach einer neuen Religion, des Islam, vereinigt hatte, verließen die arabischen Gotteskrieger die bisherige Heimat – nicht, um ihre Religion in der ganzen Welt zu verbreiten, sondern um die durch den Tod Mohammeds gefährdete Einheit unter dessen Nachfolgern, den Kalifen, zu retten. In Jerusalem war der arabischen Überlieferung nach Mohammed gen Himmel gestiegen, vom Tempelberg aus, genau von dort, wo heute der Felsendom mit seiner golden glänzenden Kuppel steht. Er kehrte zurück, im Besitz des Wissens über alles, was war, ist und sein wird. Jerusalem als die heilige Stadt erst der Juden, dann der Christen spielte und spielt auch im politischen und religiösen Konzept der Araber eine herausragende Rolle. Der Nahostkonflikt – ein unlösbarer Konflikt? Wer sich die lange, in den Ursachen bis weit in die Antike zurückreichende Geschichte ansieht, dürfte mehr Anlass zu Pessimismus als zu Optimismus haben.

Reisen in die Antike

Zeitlich mag die Antike fern sein. Doch räumlich kann sie ganz nah sein, vor allem, wenn man das Glück hat, in einer Gegend zu leben, wo auch in der Antike Menschen heimisch waren. Dann hat man die Antike im wortwörtlichen Sinn vor der Haustür und kann im Glücksfall die von Archäologen oder Denkmalschützern ausgegrabenen und gepflegten Monumente, sooft man will, in Augenschein nehmen: In Deutschland finden sich zum Beispiel in Nordrhein-Westfalen, Rheinland-Pfalz, Baden-Württemberg und großen Teilen Hessens und Bayerns die Zeugnisse aus jener Zeit, als die Römer hier ein 150-jähriges, links des Rheins sogar 400-jähriges Gastspiel gaben. Sie gründeten Städte wie Köln oder Trier, die in ihren Namen sogar noch die antike Vergangenheit transportieren. Zum Glück sind die Namen heute kürzer und kompakter als vor gut 2000 Jahren. Da hieß Köln noch umständlich »Colonia Claudia Ara Agrippinensium« und Trier »Augusta Treverorum«.

Aber die Römer haben sich bei der Benennung von Städten immer etwas gedacht. »Colonia« betrifft den Rechtsstatus, »Claudia« bezieht sich auf den Namen des römischen Kaisers Claudius, der die Stadt mit diesem Titel ausgezeichnet hatte. »Ara« heißt »Altar« und hat deswegen einen Platz im antiken

Stadtnamen erhalten, weil sich, bevor die Römer kamen, dort ein Heiligtum des germanischen Volkes der Ubier befand. Und »Agrippinensium« ist der Genitiv Plural von »Agrippinenses«, was wiederum »Bewohner der Agrippina-Stadt« bedeutet. Agrippina genießt in Köln so etwas wie Kultstatus. Sie war die Tochter des populären Feldherrn Germanicus, ihr Bruder war jener berüchtigte Kaiser Caligula, der nicht gerade als Kandidat für den Friedensnobelpreis in die Geschichte eingegangen ist, hätte es ihn denn in der Antike schon gegeben. Am 6. November 15 n. Chr. wurde sie in Köln geboren, das damals noch »Oppidum Ubiorum« (»Stadt der Ubier«) hieß. Seitdem ist Agrippina in Köln allgegenwärtig, gewissermaßen bis heute. Allerdings ist ihre spätere Karriere nicht nur glatt und eben verlaufen. 37 n. Chr. brachte sie in ihrer ersten Ehe den späteren Kaiser Nero zur Welt, ebenfalls keine uneingeschränkte Zierde des Führungspersonals im antiken Rom. Um ihn an die Macht zu bringen, ließ sie ihren Gatten, den Kaiser Claudius, töten, wie es in der antiken Gerüchteküche heißt, indem sie dafür sorgte, dass ihm ein vergiftetes Pilzgericht serviert wurde. Später wurde sie von dem undankbaren Sohn getötet. Zustände wie im alten Rom, mag mancher klagen, wenn man solche Geschichten hört. Jedenfalls war der komplette Stadt-Name »Colonia Claudia Ara Agrippinensium« auch in der Antike zu lang, und so verständigte man sich praktischerweise auf das Kürzel »CCAA«.

Bei den antiken Trierern war der Name ohnehin etwas kürzer. »Augusta Treverorum« hört sich schon kompakter an. Wie bei den Kölnern handelt es sich um eine lateinische Wendung mit einer Genitiv-Plural-Konstruktion. »Treverorum« bezieht sich auf das keltische Volk der Treverer, die vor der Ankunft der Römer in der Moselgegend beheimatet waren. »Augusta« ist die weibliche Form von »Augustus« und sollte anzeigen, dass die Stadt Trier Kaiserstadt war. Spuren einer Holzbrücke, dendrochronologisch (das heißt nach der Jahres-ring-Zählung der Bäume) auf etwa 17 v. Chr. zu datieren, geben Anlass zu der Deutung Triers als »älteste Stadt Deutschlands«.

Die größten Städte im Römischen Reich

mit der jeweils maximalen Einwohnerzahl

1. **Rom**: 1 Million	2. **Alexandria**: 500 000
3. **Antiochia**: 450 000	4. **Karthago**: 300 000
5. **Ephesos**: 250 000	6. **Korinth**: 200 000
7. **Athen**: 150 000	8. **Capua**: 100 000
9. **Aquileia**: 100 000	10. **Pergamon**: 100 000

Ein Slogan von hohem Werbewert, historisch gesehen aber ein nicht ganz unproblematischer Anspruch. Denn erstens konkurrieren auch andere Städte (zum Beispiel Augsburg) um diese Ehre, zweitens sollte man genauer definieren, was man eigentlich unter »Stadt« verstehen will, und drittens ist wohl auch der Begriff »Deutschland« in der Weise zu präzisieren, dass man sagt, »auf dem Boden des späteren Deutschlands«. Aber man sollte wohl auch nicht zu sehr ins Pädagogisch-Belehrende abgleiten, obwohl derlei Überlegungen eine Rolle spielen sollten, wenn Stadtväter und -mütter Jubiläumsfeiern à la »2000 Jahre Trier« ausrufen. Aber von all dem abgesehen, ist Trier eine der schönsten Römerstädte nördlich der Alpen, mit der Porta Nigra, den Thermen und natürlich auch den Bauten aus jener Zeit, als Konstantin der Große zeitweilig hier residierte, bevor er in die von ihm neu gegründete Stadt Konstantinopel, das alte Byzanz und heutige Istanbul, umzog.

Auch Schweizer und Österreicher müssen nicht lange suchen, wenn sie im eigenen Land Spuren aus der Antike entdecken wollen. Schon vor den Römern hinterließen Kelten oder Völker wie Helvetier und Raeter ihre Spuren. Dank römischer Präsenz können Eidgenossen und Österreicher aber sogar mit einer fast flächendeckenden Antike aufwarten – von Vindonissa (Windisch) bis nach Vindobona, besser bekannt unter dem modernen Namen Wien.

So richtig erlebt man Griechen und Römer (oder antike Perser, Ägypter, Syrer, Punier, Hethiter, Lykier) indes rund ums Mittelmeer. Freunde der Antike und solche, die es werden wollen, zieht es natürlich zuerst einmal in die großen Metropolen, von denen manche auch heute noch bedeutende Städte sind. Klassiker sind und bleiben Athen und Rom mit ihren monumentalen und repräsentativen Bauten. In Athen ist die Akropolis der große Besuchermagnet. Zu ihren Füßen liegen die Agora, als Zentrum von Politik und Wirtschaft, und der Kerameikos, dessen antiker Name direkt auf seine Funktion hinweist, die er bei den alten Athenern hatte: Hier befanden sich die Werkstätten der Töpfer, deren keramische Erzeugnisse damals in alle Teile der antiken Welt exportiert wurden. Dazu wurde er aber auch als Begräbnisstätte genutzt.

Auch das Umland Athens bietet kleinen oder großen Expeditionen lohnende Ziele. Bei Marathon kann man den Grabhügel bewundern, in dem nach der legendären »Schlacht von Marathon« 490 v. Chr. 192 im Kampf gegen die Perser gefallene Athener bestattet wurden. Gewonnen haben die Athener trotzdem. In diesem Kontext gehört auch die berühmte Geschichte vom antiken Marathonläufer. Er lief die 42 Kilometer vom Schlachtfeld in die Stadt und brach dort mit den Worten »Wir haben gesiegt« zusammen.

Der Glaubwürdigkeitsfaktor dieser Anekdote liegt im unteren Drittel der historischen Wahrheitsskala. Pate bei ihrer Erfindung stand der allerdings auch bereits fast kuriose Umstand, dass nach der Niederlage bei Marathon die übriggebliebenen Perser rasch ihre Schiffe bestiegen und um das herrliche Kap Sunion mit dem weithin sichtbaren Poseidon-Tempel als Wahrzeichen herum Richtung Hafen von Phaleron fuhren. Dort wollten sie die Stadt Athen stürmen und erobern. Sie rechneten dort nur mit Kindern, Frauen und Alten, da die waffenfähigen Männer ja noch den langen Weg zurück von Marathon zu absolvieren hatten. Doch der Schrecken war groß, als die Perser sich der Stadt näherten und bereits erwartet wurden – von ebenjenen Kämpfern, mit denen man kurz zuvor noch ein Gefecht bestritten hatte und die, schwerbewaffnet wie sie waren, in die Stadt gerannt waren. In welcher Zeit, ist nicht überliefert. Jedenfalls wurde diese wahre Geschichte zu einer der Quellen der Legende vom Marathonläufer.

1896 wurde der Marathonlauf bei den ersten Olympischen Spielen der Neuzeit in Athen ins Programm aufgenommen. Nicht aus sportlichen, sondern aus politischen Gründen: Griechenland befand sich damals wegen der Insel Kreta in einem Konflikt mit den Türken, deren osmanische Sultane jahrhundertelang die Herrschaft über das Land der Hellenen ausgeübt hatten. Marathon galt seit der Antike als Symbol für die Freiheit. 490 v. Chr. war es die Freiheit der Griechen von den Persern gewesen. 1896 war es die Freiheit der Griechen von den Türken. Nun musste nur noch ein Grieche siegen. Spyridon Louis, Sohn eines Bauern, erfüllte die Träume seiner Landsleute und wurde erster Olympiasieger im Marathonlauf. Er war der Konkurrenz so überlegen, dass er es sich leisten konnte, während des Laufes eine kleine Pause einzulegen und in einer Taverne einen Retsina zu trinken.

Natürlich hat Griechenland auch außerhalb Attikas jede Menge Antikes zu bieten – etwa in Epidauros eines der schönsten antiken Theater mit einer herausragenden Akustik; in Delphi das berühmte Apollon-Heiligtum, in dem ein Medium, Pythia genannt, mit Orakelsprüchen auf sich aufmerksam machte, die deswegen eine so hohe Trefferquote hatten, weil sie die Auskünfte in interpretationsfähiger Doppeldeutigkeit erteilte; auf der Insel Aegina der archaische Aphaia-Tempel. Überhaupt die Inseln: Samos, Rhodos, Kos, Tenos, Lesbos – sie alle verfügen über wichtige Monumente, die das politische, religiöse und kulturelle Leben der antiken Griechen dokumentieren. Und natürlich nicht zu vergessen Kreta, die Insel, auf der die Minoer die erste europäische Hochkultur schufen. Der Palast von Knossos ist Anlaufstelle wahrer Touristenströme, die sich im Gegensatz zu den Fachleuten darüber freuen, dass der Ausgräber Sir Arthur Evans zu Beginn des 20. Jahrhunderts auf phantasievolle Rekonstruktionen mit großzügiger Verwendung von Beton setzte. Bei der funktionalen Zuordnung der einzelnen Räume des Palastes hatte er wohl auch den Buckingham-Palast in London im Kopf, wenn er unbefangen von einem »Megaron der Königin« und dem »Thronsaal des Königs« sprach, ohne dass es dafür klare Beweise gibt.

Die Griechen sind auch außerhalb Griechenlands überaus aktiv gewesen, so dass man nicht unbedingt ins heutige Griechenland fahren muss, wenn man Zeugnisse der griechischen Kultur sehen will. An der Westküste der heutigen Türkei entstanden bereits kurz nach 1000 v. Chr. Juwelen der Urbanistik wie Milet, Priene und Ephesos, die auch in römischer Zeit weiter blühten. Geradezu paradiesisch ist die Hinterlassenschaft

Die Sieben Weltwunder der Antike

Von den Sieben Weltwundern, die in der Antike bestaunt wurden, ist nur eines noch in (fast) völliger Schönheit zu bewundern. Zwei weitere sind arg ramponiert, die restlichen vier total verschwunden.

Komplett
Die **Pyramiden von Gizeh** in Ägypten

Ramponiert
Der **Tempel der Artemis** in Ephesos (nur noch eine Säule ist vorhanden) * Das **Grabmal (Mausoleum) des karischen Dynasten Maussolos** in Bodrum, Westtürkei, früher Halikarnassos (nur noch eine Trümmerwüste)

Verschwunden
Die **Hängenden Gärten der Semiramis** in Babylon * Die **Zeus-Statue** im Zeus-Tempel von Olympia * Der **Koloss von Rhodos** * Der **Leuchtturm von Alexandria**

der Griechen in Süditalien und Sizilien. In Paestum, Agrigent und Selinunt befinden sich die prächtigsten Tempel, sogar noch schöner als in Griechenland selbst. Kein Zufall, denn zum einen wollten sich die Griechen in der Fremde heimisch fühlen, und in diesem Bestreben half es ihnen sehr, wenn sie Wunderwerke der vertrauten Architektur schufen. Und außerdem standen die griechischen Städte in einem edlen Wettbewerb zueinander. Stellte eine Stadt einen schönen Tempel auf die Beine, musste man eben alles investieren, um einen noch schöneren Bau zu produzieren. Sogar bis nach Südfrankreich und bis nach Spanien sind die Griechen gekommen. Das heutige Marseille, das in der Antike Massalia hieß, verdankt seine Entstehung ebenso griechischen Siedlern wie Ampurias in Spanien, das Griechen unter dem Namen Emporion gegründet haben.

Auf den Spuren Alexanders des Großen zu wandeln bedeutet, einen Radius von Makedonien bis nach Indien ins Visier zu nehmen. Wer dazu keine Zeit hat, kann sich auf die königliche Stadt Vergina konzentrieren, wo von den Archäologen in den letzten Jahren prächtige Königsgräber zutage gefördert wurden. Oder man kann einen Abstecher in die Türkei unternehmen, zum Beispiel nach Gordion, der alten Residenz der Könige von Phrygien, wo Alexander den Winter 334/333 v. Chr. verbrachte und den berühmten Knoten zerschlug.

Ausflüge in die Welt der Römer beginnen natürlich in Rom. Das Forum, der Palatin mit den Palästen der Kaiser, Kolosseum, Pantheon, Engelsburg sind hier erste Adressen. Aber die Stadt am Tiber hat auch einige Spezialitäten aufzuweisen, die geeignet sind, denjenigen, die sie zu würdigen bereit sind, Expertenstatus zu verleihen. Etwa die Cestius-Pyramide, die sich am Ende des 1. Jh.s v. Chr. ein römischer Senator mit Ägypten-Faible erbauen ließ und sich dabei mindestens wie Pharao Cheops vorkam. Oder ein Stück alter Stadtmauer, an der täglich Tausende Menschen vorbeieilen, ohne sie zur Kenntnis zu nehmen. Sie befindet sich direkt neben der Stazione Termini, dem Hauptbahnhof von Rom. Offiziell heißt sie »Servianische Mauer« und soll, wie es heißt, aus der ganz frühen Zeit stammen, als Rom noch von etruskischen Königen regiert wurde. Tatsächlich entstand sie in der ersten Hälfte des 4. Jh.s v. Chr. als Reaktion auf einen Angriff keltischer Völkerschaften (der »Galliersturm« von 387 v. Chr.).

Endlos ist die Liste von Städten und Stätten, die außerhalb der Hauptstadt in Italien Geschichte und Kultur der Römer beleuchten. Natürlich, da sind die Glanzlichter Pompeji und Herculaneum. Doch da sind auch die Metropolen und Nekropolen der Etrusker in der Toskana, die Städte entlang der Via Appia, der »Königin der Straßen«, wie man sie nannte, die von Rom nach Brindisi führte, oder Orte wie Tivoli, das antike Tibur, und Palestrina, das antike Praeneste. Auf Capri, dem Sehnsuchtsort deutscher Italien-Begeisterung, gibt es eine große Villa aus der frühen Kaiserzeit, die vielleicht Kaiser Tiberius gehörte, der hier, wie antike Quellen wissen wollen, seine Orgien feierte.

Gelungen vs. missglückt:
Nachbildungen antiker Bauwerke

Gelungen
Getty Villa in Malibu (Kalifornien) ✳ **Pompeianum** in Aschaffenburg (Deutschland) ✳ **Villa Kérylos** in Beaulieu-sur-Mer (Südfrankreich) ✳ **Bibliothek von Alexandria** (Ägypten) ✳ **Römisches Haus** in Weimar (Deutschland)

Missglückt
Caesar's Palace in Las Vegas (Nevada) ✳ **National Monument** in Edinburgh (Schottland) ✳ **Kolosseum von Oban** (Schottland) ✳ **Parthenon** in Nashville (Tennessee) ✳ **Walhalla** in Donaustauf (Deutschland)

Die Römer eroberten die halbe Welt – und sie hinterließen reiche Spuren, sei es in Spanien, in Syrien, in Nordafrika oder auf dem Balkan. Da sie wussten, wie man ein solches Riesenreich erfolgreich regiert, setzten sie auf die Karte »Romanisierung«, das heißt: die Verbreitung römischer Kultur unter Beibehaltung regionaler und lokaler Gewohnheiten und Traditionen. Ergebnis dieser Politik war eine weitgehend uniforme Architektur. So findet man in Spanien dieselben römischen Tempel wie in Syrien oder Dalmatien. Überall gab es Foren, Gymnasien, Thermen, Wasserleitungen, Brücken, dazu Kastelle und andere Militärlager, gebaut von kenntnisreichen Ingenieuren und eifrigen, weil gut bezahlten Legionären. Die Römer kamen, nach ihrer Deutung, bis ans Ende der Welt. Wer dies nachempfinden möchte, ist an einer Stelle besonders gut aufgehoben: in Fisterra, einer Stadt im äußersten Nordwesten Spaniens, in Galizien. Der Name stammt von den Römern. Sie nannten den Ort »Finis Terrae«, »Ende der Welt«. Noch heute ist Fisterra das Ziel von Jakobspilgern, die jenseits von Santiago de Compostela, am Leuchtturm des Kaps, ein Stück von der Luft schnuppern wollen, die auch schon die Römer tief eingeatmet haben, in dem Glauben, am Ende der bewohnten Welt angelangt zu sein. Sie konnten nicht ahnen, dass sich jenseits des Atlantiks noch ein weiterer Kontinent befand, der erst Jahrhunderte später von den Wikingern entdeckt werden sollte.

Erlebnisreich und spannend sind Reisen zu Schauplätzen, die nicht so bekannt sind und die nicht in jedem Reiseführer als »Top-Sehenswürdigkeit« angepriesen werden. In Phrygien, im Herzen der Türkei, haben wir uns bei einer Studienreise zum Beispiel auf die Suche nach Pepouza gemacht, dem Zentrum der frühchristlichen Montanisten-Sekte. Deren Anhänger waren überzeugt, dass die Rückkehr Jesu hier und nicht in Jerusalem stattfinden würde. Der Ort war erst kurze Zeit vorher entdeckt und archäologisch erforscht worden. Publikationen und genauere Beschreibungen gab es noch nicht, nur un-

Die Getty Villa in Malibu

klare Hinweise auf ein Flusstal und einen hoch in den Felsen gehauenen Klosterkomplex. In solchen Fällen ist es ratsam, die Einheimischen einzubinden. Als wir in einem Dorf in der Nähe die Männer in der Teestube auf dem Marktplatz nach »Pepouza« fragten, herrschte sofort Ausnahmezustand. Eine Welle der Hilfsbereitschaft schwappte auf uns nieder. Der Bürgermeister erschien, Frauen und Kinder eilten herbei. Alle wussten, wo Pepouza liegt, aber: jeder wusste etwas anderes. Schließlich luden einige Männer unseren türkischen Begleiter in einen Geländewagen und machten sich auf die Suche. Für die Gruppe hieß es »Abwarten und Tee trinken«. Inzwischen war das ganze Dorf da, man unterhielt sich bestens. Nach ein paar Stunden kamen die Scouts zurück, mit der frohen Botschaft: Pepouza ist gefunden. Zeitlich mag die Antike fern sein. Dort war sie uns einmal mehr ganz nah.

Wem gehört die Antike?

Die griechisch-römische Antike bildet die Grundlage der europäischen Kultur. Und auch eines Teils der afrikanischen und der asiatischen Kultur. Denn Alexander der Große eroberte weite Teile Asiens, und die Römer beherrschten Nordafrika. Also ist die Antike gemeinsames Erbe vieler Völker und Staaten, ein einigendes historisches Band über Zeiten und Grenzen hinweg. Die Antike ist für alle da. Ist das wirklich so? Oder sind solche Aussagen nur willkommener Stoff für Festreden bei Jubiläumsfeiern humanistischer Gymnasien und Jahrestagungen von Altertumsvereinen?

London 1816. Das Britische Museum kauft eine ganze Anzahl wertvoller Marmorskulpturen vom Parthenon in Athen. Seit 1939 werden die Prunkstücke von der Akropolis in einem eigenen Saal präsentiert, der zu den großen Attraktionen des weltberühmten Museums zählt und täglich Scharen von Besuchern aus aller Welt anlockt. Genau 2390 Kilometer Luftlinie von ihrem einstigen Aufenthaltsort entfernt.

Nach England waren sie transportiert worden von Thomas Bruce, seines Zeichens siebter Lord of Elgin – kurz Lord Elgin genannt. Die sogenannten »Elgin Marbles« sind seitdem Objekt eines Dauerstreits. Gehören sie wirklich nach London?

Und nicht doch in ihre Heimat Athen? Oder ist die Frage irrelevant, weil die Antike ja doch ein gemeinsames europäisches Kulturgut ist und also uns allen gehört?

Die Faktenlage in der Elgin-Affäre ist eigentlich klar. Die Probleme liegen in der Bewertung. Lord Elgin war 1799 britischer Botschafter im Reich der von der Dynastie der Osmanen regierten Türken mit Dienstsitz in Konstantinopel (Istanbul) geworden. Zum riesigen Imperium der Türken gehörte in dieser Zeit auch Griechenland, und dies schon seit dem 15. Jahrhundert. Regiert wurde das Osmanische Reich von dem türkischen Sultan, der in der Metropole am Bosporus residierte. Als Elgin kam, war es Selim III., der die Geschicke der Türken und der von ihnen beherrschten Länder und Völker lenkte.

Elgin interessierte sich nicht allein für Politik. Auch die Kunst fand sein Interesse, und dies weniger im Sinne einer ästhetischen Bewunderung als vielmehr im Hinblick auf ihre kommerzielle Verwertbarkeit. So war Athen, die antike Kulturhauptstadt Griechenland, für ihn eine besondere Attraktion. Hier schenkte der Lord den berühmten Skulpturen am Parthenon, einem der Stadtgöttin Athena geweihten Tempel und für die antiken Athener zugleich Schatzkammer, seine ungeteilte Aufmerksamkeit. Zwar waren an dem Monument durch eine Pulverexplosion 1687, während einer Belagerung durch die Venezianer, erhebliche Schäden entstanden, aber es war immer noch genug da von den wertvollen, auch historisch so bedeutsamen Friesen und Metopen. Elgin nahm Kontakt mit dem Sultan auf und bat um die Erlaubnis, diese Stücke zu studieren, zu vermessen und Abgüsse anzufertigen. Der Sultan stimmte zu und gab seinen Leuten die Anweisung, die Arbeiten Elgins zu unterstützen. Außerdem sicherte er ihm schriftlich zu, er dürfe auch einige Stücke und Blöcke mitnehmen.

Die Konzession »einige Stücke und Blöcke« interpretierte Lord Elgin recht großzügig. Am Ende waren es Marmorfragmente mit einem Gesamtgewicht von 220 Tonnen, die er auf die Reise von Griechenland nach Athen schickte. 1815 wurden die Marbles, nachdem das Parlament zugestimmt hatte, für die englische Krone erworben, für den Preis von 35 000 Pfund. Der Lord war knapp bei Kasse gewesen und froh, die Angelegenheit über die Bühne gebracht zu haben. Eigentlich hatte er die Marbles als Dekoration für sein Landhaus verwenden wollen.

Damit war der Fall aber noch längst nicht erledigt. Im Gegenteil: Jetzt gingen die Auseinandersetzungen erst richtig los. Erste protestierende Stimmen erhoben sich bereits 1830, als Griechenland nach dem Ende der osmanischen Herrschaft seine Unabhängigkeit gewonnen hatte. Der Streit um die »Elgin Marbles« dauert nun schon bald 200 Jahre, und ein Ende ist nicht abzusehen. England möchte die Stücke behalten, Griechenland möchte sie zurückhaben. Dabei wurden und werden erhebliche intellektuelle und juristische Energien investiert, um den jeweiligen Standpunkt als den richtigen erscheinen zu lassen. Im Kern geht es natürlich darum, ob die Überführung der Marbles nach England rechtmäßig war.

Ja, sagen die Briten. Erstens hatte Elgin das Plazet des Sultans, und die Türken waren damals nun einmal die offiziellen Autoritäten in Griechenland. Zweitens genossen die wertvollen Fragmente hinter den sicheren Mauern des Britischen Museums einen Schutz, den ihnen die Griechen nie hätten bieten können. Ohne das beherzte Eingreifen Elgins wären die Stücke heute schon längst zerstört – was ein unersetzlicher Verlust für die Menschheit, ihre Kultur und ihre Zivilisation gewesen wäre.

Nein, sagen die Griechen. Elgin hat die Marbles geraubt. Er hat den Sultan getäuscht, der ihm nur wenige Stücke, nicht aber alle Fragmente des Frieses überlassen wollte. Selim dachte an die Stücke, die am Boden lagen. Elgin aber habe viele Teile mit Gewalt von den Ruinen des Tempels entfernt. Der Parthenon wurde mehrfach restauriert und erstrahlt nun wieder in alter Pracht. Die Friese und Metopen gehören dorthin, wo sich der Bau befindet, dessen Teile sie ursprünglich gewesen sind. Das Argument, in London seien die Marbles sicherer, gilt auch nicht mehr. Seit 2009 gibt es in Athen, zu Füßen der Akropolis, ein nagelneues archäologisches Museum, dessen technischer Standard es locker mit dem Britischen Museum aufnehmen kann.

Doch die Briten bleiben hartnäckig. Auch deswegen, weil man eine Sogwirkung befürchtet. Gäbe man nach, müsste man noch viele andere Gegenstände, die so schön in den Museen lagern, zurückgeben. Auch bei Museumsdirektoren in Frankreich, Deutschland, Spanien, Italien oder den USA hält sich die Begeisterung für die Initiativen der Griechen in Grenzen, hüten doch auch sie Schätze, deren Besitzverhältnisse zumindest zweifelhaft sind. Grundsätzlich gibt es bei der ganzen Problematik keine gültige, allgemein akzeptierte Rechtslage. Und so feilen die Kontrahenten an immer neuen Strategien der Argumentation. Die Marbles dürfen sich unterdessen bis auf weiteres in London bewundern lassen.

Vorübergehend entliehen? In Sicherheit gebracht? Gestohlen? Rechtmäßig erworben? Die Frage stellt sich nicht nur bei den Elgin Marbles. Ein klassischer Fall ist der berühmte »Schatz des Priamos«. Hier ist die Lage aber so eindeutig, wie sie nur sein kann. Diesen Schatz hat Heinrich Schliemann, wenn man es noch halbwegs freundlich formulieren will, entwendet. Am

31. Mai 1873 entdeckte der passionierte Hobbyforscher und Homer-Freund in den Ruinen Trojas ein Depot mit 8000 prächtigen Einzelstücken: Diademe, Ohrringe, Stirnbänder und viele weitere Pretiosen. Weil Schliemann auf der Suche nach jenem Troja war, von dem Homer in der »Ilias« so anschaulich erzählt, deklarierte er seine Entdeckung als einstigen Besitz des trojanischen Königs Priamos. Da nicht Präzision, sondern Enthusiasmus die Aktivitäten des deutschen Geschäftsmanns lenkte, hatte er nicht bemerkt, dass der Fund viel älter – gut 1000 Jahre älter – war als die von Homer beschriebene Szenerie. Erschwerend kommt hinzu, dass Priamos keine historische Gestalt, sondern eine mythische Figur war.

Anstatt nun, wie er verpflichtet gewesen wäre, den Fund den türkischen Behörden zu melden (nur auf dieser Grundlage war ihm die Grabungslizenz erteilt worden), schmuggelte Schliemann den Schatz nach Athen. Nachdem er alle Welt von seiner sensationellen Entdeckung gebührend in Kenntnis gesetzt hatte, wurde er von den Türken verklagt und von einem griechischen Gericht zu einer Geldstrafe verurteilt, die er anstandslos zahlte. In einem Anfall von Großzügigkeit legte er sogar noch eine erkleckliche Summe drauf. So bekam sein Verhalten noch den Charakter einer Scheinlegitimität. Und als Schliemann es nicht schaffte, den Schatz in einem der berühmten Museen wie dem Louvre oder der Eremitage unterzubringen, vermachte er ihn 1881 großzügig »dem deutschen Volk«, das dieses Geschenk gerne annahm. Seitdem waren die Kostbarkeiten in verschiedenen Berliner Museen zu bewundern – bis 1945, dem Ende des Zweiten Weltkrieges.

Danach ging der Schatz, der jahrhundertelang sicher und behütet unter dem Hügel von Hissarlik (so heißt der moderne Ort, in dessen Nähe das antike Troja liegt) gelegen hatte, wie-

der auf Reisen. Er befand sich nun im Gepäck russischer Soldaten, die damit das umfangreiche Buch mit dem Titel »Beute-
kunst« um ein wichtiges Kapitel erweiterten. So landete
Schliemanns Fund im Moskauer Puschkin-Museum, wie man
heute weiß. Denn bis 1994 gaben sich die russischen Behörden
bedeckt, erst dann wurde das Faktum bestätigt. Seitdem ist der
Schatz ein permanenter Zankapfel zwischen Deutschen und
Russen.

Und was ist mit Nofretete? Und dem Pergamonaltar? Und
den Keilschrifttafeln im Louvre? Und …? Die Liste ließe sich
beliebig verlängern. Gelegentlich gibt es Gesten des guten
Willens, wenn eine Regierung, natürlich mit gebührender
medialer Orchestrierung, Stücke aus ihren Museen einer anderen Regierung übergibt – meist, wenn man sich davon einen
politischen Vorteil verspricht.

Wer Trost nötig hat: Auch in der Antike war man nicht zimperlich, was den Erwerb und Besitz wertvoller Gegenstände
und Monumente anging. So ließ der christliche Kaiser Konstantin im 4. Jahrhundert in allen Teilen der antiken Welt
wertvolle Kunstwerke sammeln, um damit seine neue Hauptstadt Konstantinopel – das heutige Istanbul – zu verschönern.
Oder: die berühmte Bronzequadriga vom Markus-Dom in Ve-
nedig, eines der Wahrzeichen der Lagunenstadt: Kaiser Theodosius II. hatte sie im 5. Jahrhundert nach Konstantinopel
bringen lassen; 1204 plünderten die Venezianer, während des
Vierten Kreuzzuges, die Stadt und nahmen die kunstvollen
Pferde, die bis dahin wohl den Hippodrom zierten, als tri-
umphale Beute mit nach Italien. Und schon im 1. Jh. n. Chr.
schmückten das Wohnzimmer des römischen Kaisers Vespasian prächtige Vorhänge, die sein Sohn Titus bei der Eroberung
Jerusalems im Jahr 70 aus dem danach zerstörten Tempel auf

dem Tempelberg hatte mitgehen lassen. Einige Jahrzehnte zuvor hatten die Römer bei der Eroberung Griechenlands das halbe Land leer geräumt.

Ein ganz praktischer Aspekt: Wem gehört die Antike, die ich beim Umgraben in meinem Vorgarten finde? Wenn ich auf eine Kiste mit römischen Goldmünzen stoße, die einst ein Soldat oder ein Gutsbesitzer auf der Flucht vor den Germanen vergraben hat? Zwar sind die gesetzlichen Bedingungen in Deutschland in den einzelnen Bundesländern unterschiedlich. Doch grundsätzlich gilt die Regel: Kulturgeschichtlich bedeutsame Fundsachen gehören dem Staat. Also sollte man nach einem kurzen Augenblick der Freude sofort das zuständige Landesdenkmalamt informieren. Es wäre doch schade, wenn die Öffentlichkeit nie von der Existenz des Schatzes erfahren würde …

Quo vadis, Cleopatra? Die Antike im Film

Plutarch haben die Macher von *Cleopatra* aller Wahrscheinlichkeit nach nicht gelesen. Bei dem antiken Schriftsteller hätten sie die folgenden Sätze entdecken können: »An und für sich war ihre Schönheit, wie man sagt, gar nicht so unvergleichlich und von der Art, dass sie beim ersten Anblick faszinierte. Aber im Umgang hatte sie einen unwiderstehlichen Reiz, und ihre Gestalt, verbunden mit der gewinnenden Art ihrer Unterhaltung und der sie in allem umspielenden Anmut, hinterließ großen Eindruck.« So war ihre »Cleopatra« unglaublich schön, dafür aber auch nicht so gewinnend und reizvoll wie das Original. Seitdem aber glaubt alle Welt, Kleopatra habe so ausgesehen wie Elizabeth Taylor, die in dem Hollywood-Klassiker von 1963 unter der Regie von Joseph Mankiewicz die berühmte Königin von Ägypten verkörperte. Und natürlich sah Caesar aus wie Rex Harrison und Mark Anton wie Richard Burton.

Dieselbe Wirkung hatte ein paar Jahre zuvor – genau: 1951 – der Archetyp aller Hollywood-Antiken-Produktionen. In *Quo Vadis* (Regie: Mervin LeRoy), einem fast dreistündigen Monumentalfilm, spielte Peter Ustinov den römischen Kaiser Nero besser, als dieser selbst es jemals getan hatte. Dabei war schon der echte Nero ein sehr guter Schauspieler gewesen, doch Usti-

Liz Taylor und Rex Harrison in einer Szene aus *Cleopatra* (1963)

nov stellte ihn glatt in den Schatten. Seit *Quo Vadis* galt folgende Vorstellung vom antiken Rom: Dekadenz, Orgien, Mord, Totschlag, Circus, Löwen, Christen (singend oder zitternd). Dabei hatte Rom, als Nero regierte (54–68 n. Chr.), seine beste Zeit noch vor sich. Erst im 2. Jh. n. Chr. erreichte das Imperium seinen politischen, wirtschaftlichen und kulturellen Glanzpunkt. Und die Kaiser waren auch nicht mehr so exzentrisch wie Nero-Ustinov. In einer Hinsicht allerdings übertrumpfte der richtige Nero sein modernes Double: *Quo Vadis* ging bei der Oscar-Verleihung leer aus. Nero hatte bei der Rückkehr von seiner Griechenland-Tournee, bei der er als Künstler aufgetreten war, 1808 Siegerkränze im Gepäck.

Ähnlich prägend für das moderne Antiken-Verständnis war ein US-Spielfilm, dessen Titelheld im Gegensatz zu Kleopatra und Nero eine erfundene Person war. Aber das tat dem Erfolg von *Ben Hur*, der 1959 in die Kinos kam, keinen Abbruch.

Charlton Heston gewann in diesem Film in der Rolle des jüdischen Fürsten Juda Ben Hur das berühmteste Wagenrennen der Filmgeschichte. Davor und danach lotste Regisseur William Wyler das beeindruckte Publikum durch viele antike Schauplätze in der Zeit Jesu Christi. Christen durften in Antiken-Filmen, die in der Zeit nach der Zeitenwende spielten, damals auf keinen Fall fehlen. *Ben Hur* blieb in dieser Hinsicht nichts schuldig. Jesus, diskret nur von hinten gezeigt, labt den dürstenden Ben Hur, dieser revanchiert sich auf dessen Weg nach Golgatha. Am Ende der 220 Minuten findet die Kreuzigung statt, und die wundersame Heilung von Ben Hurs Mutter und Schwester, die sich in einem römischen Kerker Lepra geholt hatten. Anders als bei *Quo vadis* hagelte es Oscars: Nicht weniger als elf der begehrten Auszeichnungen waren verdienter Lohn für einen Film, der Geschichte machte.

In *Spartacus* konnten beim besten Willen keine Christen untergebracht werden. Denn der berühmteste Sklave der Antike lebte und starb lange vor der Geburt Jesu. 73 v. Chr. wurde der als Gladiator in Capua tätige Thraker Anführer einer beständig größer werdenden Schar von Sklaven, die die römischen Legionen das Fürchten lehrte, bevor der Aufstand zwei Jahre später niedergeschlagen wurde. Auch wenn Spartacus weit davon entfernt war, jenen Vorkämpfer für die Abschaffung der Sklaverei darzustellen, als den man ihn in der Moderne häufig stilisiert hat (er wollte, verständlich genug, einfach nur die persönliche Freiheit erlangen), so wurde sein Name doch zum Mythos. Grund genug für Hollywood, ihn zum Helden eines Spielfilms zu küren. Unter der Regie von Stanley Kubrick spielte Kirk Douglas, der 1954 bereits als »Odysseus« Antike-Erfahrungen gesammelt hatte, 1960 einen Spartacus, der, wenn auch mystifiziert und verklärt, in manchen Passagen nicht allzu weit entfernt von dem historischen Original agierte. Dass er zum Schluss an der Via Appia am Kreuz starb und zuvor noch einen letzten Blick auf Frau und Kind werfen durfte, war indes ein rein dramaturgisches Element.

Die 1950er und 1960er Jahre waren die große Zeit von Monumentalfilmen mit Stoffen aus der Antike. Dass sie nicht aus der Mode gekommen sind, zeigen Produktionen aus der jüngeren Vergangenheit, die beim Publikum große Resonanz fanden. 40 Jahre nach Kirk Douglas mimte Russell Crowe 2000 in *Gladiator* einen Helden der Arena namens Maximus, der im Showdown den extrem unsympathischen Kaiser Commodus im Kampf besiegt, allerdings auch selbst stirbt. Regisseur Ridley Scott stellte die alten Filme durch den Einsatz modernster Computertechnik, jedenfalls was die visuellen Effekte anging, deutlich in den Schatten. 2004 konnten sich cineastische Antike-Fans gleich über zwei große Produktionen freuen: In *Troja* schickte Regisseur Wolfgang Petersen Brad Pitt als Achilles in den seit Homer populären Kampf um die legendäre Stadt. Pitts Ehefrau Angelina Jolie war zur gleichen Zeit in dem Film *Alexander der Große* zu sehen, den Oliver Stone mit Colin Farrell in der Titelrolle drehte. Sie spielte hier Alexanders Mutter Olympias. Dass Jolie gerade ein Jahr älter war als ihr Sohn Farrell, irritierte weitaus weniger, als der Umstand die Gemüter erhitzte, dass der Film-Alexander – übrigens historisch völlig korrekt – deutliche Sympathien nicht nur für Frauen, sondern auch für Männer zeigte. Und der Antiken-Film boomt weiter, wie die jüngsten Beispiele *300* von 2006 und *Kampf der Titanen* von 2010 zeigen. Und da die Antike noch einen unerschöpflichen Vorrat an spannenden Geschichten auf Lager hat, darf man zuversichtlich davon ausgehen, dass die Kinos auch in Zukunft Themen dieser Art auf die Leinwand bringen werden.

Teure Antike

Produktionskosten berühmter Sandalenfilme.
Angaben in Millionen US-Dollar.

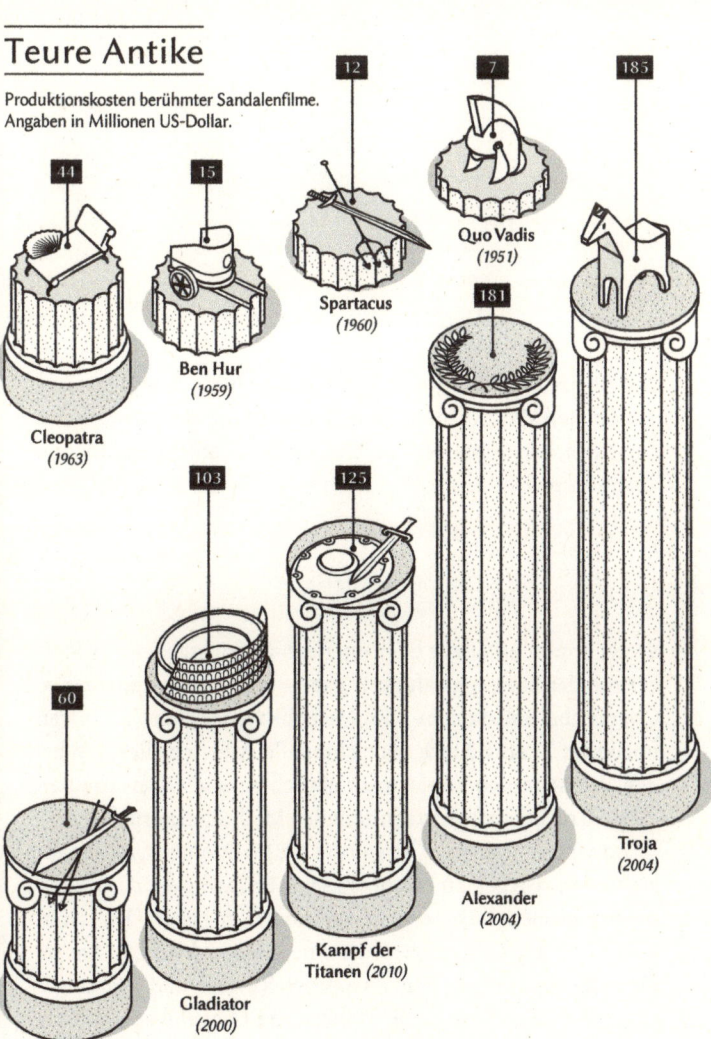

44 Cleopatra *(1963)*

15 Ben Hur *(1959)*

12 Spartacus *(1960)*

7 Quo Vadis *(1951)*

185 Troja *(2004)*

181 Alexander *(2004)*

103 Gladiator *(2000)*

125 Kampf der Titanen *(2010)*

60 300 *(2006)*

Unglaublich, aber wahr

Die Antike hält eine Reihe von Überraschungen und fast unglaublichen Geschichten parat, wie eine kleine Auswahl aus den Bereichen Sport, Militär, Geographie, Verkehr, Politik und Technik beweist:

Doping im antiken Sport

Einen Kanon erlaubter oder unerlaubter Substanzen zur Steigerung der Leistungsfähigkeit gab es im antiken Sport nicht. Chemische Substanzen wie Anabolika oder Steroide waren noch kein Thema. Doch versuchten die Athleten alles, um bei den Wettkämpfen Topform zu erreichen, und dabei scheuten sie auch nicht vor unkonventionellen Methoden zurück.

Im 5. Jahrhundert v. Chr. gab der Läufer Dromeus, zweimaliger Olympiasieger, zu Protokoll, seine Schnelligkeit dank einer speziellen Fleischdiät enorm verbessert zu haben. Bis dahin galt in Olympia das ungeschriebene Gesetz, frischer Käse sei die beste Nahrung für Spitzensportler. Ringern und Boxern gestand man allerdings die Einnahme von Olivenöl zu, das, wie man glaubte, die Wut der Athleten aufeinander steigerte. Rö-

mische Gladiatoren, die in der Arena auf Leben und Tod kämpften, schworen auf Speisepläne, die von geschulten Sportärzten
entwickelt wurden. Besonders populär war ein Menü mit einer
eiweißhaltigen, die Muskelbildung anregenden Mischung aus
Bohnen und Gerste. Zauberkräfte versprach man sich auch von
einem Getränk mit ausgelaugter Asche, das die beim Fechten
besonders gefährdeten Eingeweide stabilisieren sollte.

Fatale Finsternis

August 413 v. Chr. Die Athener belagerten seit zwei Jahren die
Stadt Syrakus auf Sizilien. Sie hatten sich mit ihrer Flotte in ein
riskantes militärisches Abenteuer gestürzt. Syrakus war gut
befestigt, die Soldaten um ihren Kommandeur Nikias bissen
sich die Zähne aus und kamen ihrerseits in Bedrängnis, weil
die Syrakusaner Hilfe von außen erhielten. Man hielt Kriegsrat
und kam zu dem Ergebnis, dass nur noch der Rückzug blieb:
Am 28. August sollte es zurück in die Heimat gehen. Am Tag
davor trat eine Mondfinsternis ein. Für die Deutung solcher
Phänomene hatte man Spezialisten dabei. Sie hielten die Finsternis für ein schlechtes Omen – die Götter wollten damit signalisieren, dass ihr Vorhaben, die Belagerung abzubrechen,
unter keinem guten Stern stand. Gleiches galt nach dem Glauben der Griechen für Naturkatastrophen; Erdbeben hatten
ebenso wie Mondfinsternisse den Charakter von Zeichen. Die
Spezialisten kannten die Vorschriften, die in den heiligen Büchern standen: Man müsse mit der Rückfahrt noch drei mal
neun Tage warten. 27 verhängnisvolle Tage, wie sich zeigte.
Die Syrakusaner blockierten den Hafen, man versuchte über
Land zu fliehen, wurde von den Gegnern gestellt und vernich

tend besiegt. Wer überlebte, landete als Zwangsarbeiter in den Latomien, den gefürchteten Steinbrüchen von Syrakus. Die Katastrophe von Syrakus läutete das Ende der athenischen Dominanz in der griechischen Welt ein. Militärisch und moralisch geschwächt, verloren die Athener auch den Krieg gegen Sparta, den Peloponnesischen Krieg, von dem die Expedition nach Syrakus ein Teil gewesen ist.

Rund um die Britischen Inseln

Pytheas war ein Kapitän aus der von Griechen gegründeten Hafenstadt Massalia, die heute Marseille heißt. Der kühne Seefahrer war der Erste, der sich aus dem vertrauten Mittelmeerraum in den nördlichen Atlantik wagte. Um 325 v. Chr. trat er mit seinem Schiff die Reise ins Ungewisse an. Die Route führte zunächst durch die »Säulen des Herakles«, wie die Griechen die Straße von Gibraltar nannten, und an Gades, dem heutigen Cadiz, vorbei. Dann ging es weiter entlang der Küsten Portugals, Spaniens und Frankreichs. Britannien, das bis zu diesem Zeitpunkt kaum ein Grieche kannte, wurde im Uhrzeigersinn umfahren. In welcher Zeitspanne, ist nicht bekannt. Jedoch beschrieb Pytheas in seinem Logbuch eine geheimnisvolle Insel, die er Thule nannte. Bis heute wird über die Identität von Thule gerätselt. Die Shetland-Inseln? Die Färöer-Inseln? Norwegen? Eine kleine Lokalisierungshilfe hat Pytheas der forschenden Nachwelt mitgeliefert: »Es zeigten uns die Einheimischen den Ort, wo die Sonne zur Neige geht. Es traf sich nämlich, dass in diesen Gegenden die Nacht ganz kurz war, an manchen Orten zwei, an andern Orten drei Stunden, so dass die Sonne, nachdem sie untergegangen war, nach Ablauf einer kurzen

Zwischenzeit gleich wieder aufging.« Was Pytheas hier schildert, ist das Phänomen der Mitternachtssonne, das in den Gebieten des nördlichen und südlichen Polarkreises zu beobachten ist. War seine Expedition tatsächlich so weit gekommen?

Berechnung des Erdumfangs

Überzeugt von der Kugelgestalt der Erde, startete Eratosthenes (284–202 v. Chr.), Geograph und im Nebenberuf Direktor der Bibliothek im ägyptischen Alexandria, ein atemberaubendes Experiment. Er platzierte eine Sonnenuhr in Alexandria, eine andere im heutigen Assuan. Beide Orte liegen auf der gleichen geographischen Länge. Am Tag der Sommersonnenwende trafen die Sonnenstrahlen mittags in Assuan senkrecht auf den Schattenzeiger. Auf den Gnomon in Alexandria fielen sie mit einer Differenz von 7 Grad und 12 Minuten – ein Winkel, der einem Fünfzigstel des Meridian-Vollkreises von 360 Grad entspricht. Die Entfernung zwischen Alexandria und Assuan betrug 5000 Stadien. Diese Distanz mit 50 multipliziert, ergibt 250 000 Stadien. Je nachdem, welches Stadionmaß der Forscher verwendete (es waren damals unterschiedliche im Umlauf), ergibt sich daraus ein Erdumfang von 39 375 oder 46 250 Kilometern. Richtig ist die Zahl 40 077.

Fußgängerzone für Rom

Iulius Caesar eroberte Gallien, war in Rom Dictator – und führte in den großen Städten Italiens die Fußgängerzone ein. Das geht aus einem inschriftlich erhaltenen Text aus Süditalien hervor. Demnach galt ab dem Jahr 45 v. Chr. für die Zeit zwischen Sonnenaufgang und Sonnenuntergang in der Innenstadt ein Fahrverbot für Wagen, sei es mit zwei oder mit vier Rädern, seien sie mit Ochsen- oder mit Pferdestärke unterwegs. Hintergrund der drastischen Maßnahme war, dass insbesondere in der Hauptstadt Rom tagsüber eine drangvolle Enge herrschte, Fußgänger und Wagenlenker sich dauernd in die Quere kamen und sich immer wieder Unfälle ereigneten. Also veranlasste Caesar den radikalen Schnitt und verbannte die Wagen aus den Städten. Wer in die Stadt wollte, musste bis Einbruch der Dunkelheit warten. Natürlich gab es wie bei jeder bürokratischen Maßnahme Sonderregelungen: Nicht betroffen vom Fahrverbot waren Baufahrzeuge, außerdem gab es privilegierte Gruppen wie Priesterinnen und Priester, Feldherren, wenn sie einen Triumph feierten, und Offizielle und Funktionäre, wenn sie auf dem Weg zu Circusspielen waren. Kehrseite der Medaille: Wenn die vor den Toren der Stadt lauernden Wagen nach Einbruch der Dunkelheit über die Pflasterstraßen in die Stadt ratterten, war für die Anwohner an Schlaf nicht zu denken.

Ein Pferd als Konsul

Caligula, von 37 bis 41 n. Chr. römischer Kaiser, sorgte für viele Überraschungen und Irritationen. Am meisten erregte er die Gemüter mit dem Plan, sein Lieblingspferd Incitatus mit der Würde eines Konsuls, also mit einem der höchsten Staatsämter, auszustatten. Dazu scheint es, nach den Aussagen der Quellen, nicht gekommen zu sein. Aber allein die Ankündigung reichte aus, die Senatoren auf die Barrikaden zu treiben.

Denn es handelte sich bei diesem Vorhaben nicht, wie man es gerne deutet, um die Verrücktheit eines exzentrischen Kaisers. Vielmehr handelte Caligula hier, wie auch in anderen Fällen seines Sündenregisters, wohlbedacht. Der Herrscher wollte den Eliten zeigen, dass er sich im Besitz der unumschränkten Macht wähnte. Die Pferde-Affäre war eine bewusste Brüskierung der Senatoren, aus deren Reihen üblicherweise die Konsuln bestimmt wurden. Und da Caligula sein perfides Machtspiel auch mit anderen wichtigen Gruppen trieb, ist sein gewaltsames Ende nicht weiter verwunderlich. Am 24. Januar 41 n. Chr. wurde er als erster römischer Kaiser Opfer eines Attentats.

Normalerweise drückte man einem Bediensteten ein paar Münzen in die Hand, und dieser versorgte die Pilger dann mit einer Portion Weihwasser. Seit dem 1. Jh. n. Chr. lief es anders ab, wenn fromme Menschen ein Heiligtum betraten, um zu ihren Göttern zu beten und sich dabei mit der flüssigen Essenz zu wappnen. Nun warf man Münzen in einen Apparat, der am Eingang stand, und das Wasser kam ganz von alleine heraus. Konstrukteur dieses Automaten war ein Ingenieur, von dem nicht viel mehr als nur der Name »Heron« bekannt ist. Er lebte vermutlich in der Mitte des 1. Jh.s n. Chr. Seine Wirkungsstätte war wahrscheinlich das Forschungs- und Technologiezentrum Alexandria. Hier betätigte er sich als Mathematiker, Mechaniker, Physiker – und eben auch als Hersteller von Automaten aller Art. Zu seinen Errungenschaften gehören ein vollautomatisches Puppentheater, das Modell eines Tempels, bei dem sich die Türen von selbst öffneten, und ein automatischer Weinspender. Arbeitete Heron bei dem Theater mit einem raffinierten System von Gewichten, so nutzte er bei den anderen Erfindungen Energie aus, die durch Wasser oder Wärme erzeugt wurde. Wirklich nützlich waren seine Geräte nicht, man konnte in der Antike – man hatte ja Sklaven – auch ganz gut ohne einen automatischen Weinspender auskommen. Doch sie zeigen, welch großes innovatives Potential in antiken Forschern schlummerte. Heron scheint auch nahe daran gewesen zu sein, einen Vorläufer der modernen Dampfmaschine zu entwerfen, zumindest als Konzept.

Ungelöste Rätsel

Unermüdliche Forschungsarbeit hat seit den Tagen eines Theodor Mommsen und eines Eduard Meyer viel Licht in Geschichte und Kultur der Antike gebracht. Und doch gibt es immer noch einige Rätsel, die bei den Wissenschaftlern zu Kontroversen führen und ihnen Kopfzerbrechen bereiten. Manchmal sind es nur vermeintlich unwichtige Details, manchmal aber auch offensichtlich wichtige, große Themen. Bei den nachfolgend zusammengestellten Fällen lohnt es sich, weiter die Medien zu verfolgen, denn über sie wird gerne berichtet: Wer eine halbwegs plausible Lösung anzubieten hat, darf mit Beachtung und Würdigung rechnen. Das regelmäßig eintretende Dementi fällt dann meistens diskreter aus.

Atlantis – Mythos oder Realität?

Im 4. Jh. v. Chr. erwähnt der griechische Philosoph Platon in zwei seiner Schriften, dem *Timaios* und dem *Kritias*, einen Kontinent namens Atlantis, dessen Könige über ein großes Reich herrschten. Atlantis lag nach den Angaben Platons jenseits der »Säulen des Herakles«, also vom Mittelmeer aus gesehen außerhalb der Straße von Gibraltar im Atlantik. Dann ereignete sich ein verheerendes Erdbeben, und der Kontinent versank im Meer. Dieses Drama soll sich um 9600 v. Chr. abgespielt haben. Die Suche nach Atlantis war und ist für viele Forscher eine große Herausforderung. Die unterschiedlichsten Theorien wurden entwickelt. Spanien tauchte im Angebot auf, auch Amerika. Und entgegen der bei Platon angegebenen Lokalisierung im Atlantik geriet auch die Insel Santorin ins Visier, die, allerdings erst im 2. Jahrtausend v. Chr., durch einen verheerenden Vulkanausbruch buchstäblich explodierte. Andere Forscher halten die Suche für überflüssig. Atlantis war, so argumentieren sie, kein realer Kontinent. Sein Untergang diente als Metapher für den Aufstieg und Niedergang großer Reiche.

Streit um Troja

Dass der »Trojanische Krieg«, so wie ihn Homer und andere antike Dichter beschrieben haben, nicht wirklich stattgefunden hat, wird heute von keinem Forscher mehr ernsthaft bestritten. Obwohl Heinrich Schliemann die Stadt auf dem Hügel von Hissarlik einst mit einer Ausgabe von Homers *Ilias* in der Hand entdeckt hatte – Achill, Priamos, Hektor, Helena, Paris, Agamemnon, Odysseus sind alles fiktive Figuren, erfunden, um eine dramatische Geschichte zu inszenieren. Allerdings gilt auch hier: Jeder Mythos hat einen wahren Kern. Im 12. Jh. v. Chr. unternahmen mykenische Fürsten von der Peloponnes aus immer wieder Raubzüge Richtung kleinasiatische Küste. Die Sage vom »Trojanischen Krieg« spiegelt solche Aktivitäten in epischer Gestalt. Weniger einig sind sich die Wissenschaftler, was Größe und Bedeutung des alten Troja angeht. Vor einigen Jahren gab es eine Debatte, die so hitzig geführt wurde, dass darüber langjährige Gelehrten-Freundschaften irreparabel zerbrachen. Auslöser waren die Grabungen des inzwischen verstorbenen Tübinger Archäologen Manfred Korfmann. Mit großzügiger Unterstützung eines namhaften Industriekonzerns ausgestattet, kam er nach mehreren Grabungskampagnen zu dem Ergebnis: Troja war eine große Stadt und dazu eine Handelsmetropole von internationalem Rang. Viele Kollegen legten umgehend Protest ein und wiesen mehr oder weniger diskret darauf hin, dass Korfmann unter einem gewissen Druck stand, weil die Geldgeber Erfolge sehen wollten. So habe er aus einem kleinen Ort an den Dardanellen einen urbanen Riesen gemacht. Korfmanns Anhänger konterten die Angriffe mit dem Hinweis auf die Fundlage (so hatte Korfmann Spuren einer weit dimensionierten, unterhalb des Burgberges gelegenen Stadtanlage entdeckt) und verklausulierten Andeutungen wie Animositäten und Missgunst unter Kollegen. Die Diskussion hat sich in jüngster Zeit etwas versachlicht. Tübinger Archäologen gruben weiter nach der Vergangenheit Trojas, bis 2012 die Grabungslizenz nicht verlängert wurde. Nun machen sich türkische Forscher an die Arbeit. Eines steht fest: Troja bleibt ein Zauberwort.

Wer ermordete Philipp II.?

Wer der Mörder des makedonischen Königs war? Eigentlich keine Frage. Es war ein Leibwächter namens Pausanias. Aber handelte er alleine? Oder gab es prominente Drahtzieher? Das Attentat, über dessen Hintergründe bis heute gerätselt wird, ereignete sich im Herbst 336 v. Chr. im makedonischen Aigai, während der Hochzeitsfeier seiner Tochter, am helllichten Tag, vor aller Augen, auf der Bühne eines Theaters, in dem Philipp an einer Prozession teilnahm. Urplötzlich stürzte sich der Attentäter auf den König und stach ihm mit einem Dolch mitten in die Brust. Das Opfer starb noch auf der Bühne. Bis heute dauert die Fahndung nach den Hintermännern. Viele Menschen hatten ein Motiv. Etwa die Ehefrau Olympias, von der Philipp sich distanziert hatte. Auch der Sohn Alexander, später »der Große« genannt. Philipp hatte kurz zuvor eine weitere Frau geheiratet (bei den Makedonen war Polygamie nichts Ungewöhnliches), und vielleicht fürchtete Alexander bei zu erwartendem weiterem Nachwuchs um die Thronfolge. Schließlich der König der Perser. Philipp hatte sich inmitten von Vorbereitungen auf einen Feldzug nach Asien befunden. Mit der Ausschaltung des makedonischen Monarchen, so konnte das Kalkül im fernen Susa gelautet haben, würde der befürchtete Angriff zu den Akten gelegt werden. Ein Irrtum, wie sich zeigen sollte: Philipps Sohn Alexander eroberte Asien bis nach Indien. Sein Vater hatte sich mit der »Befreiung« der Griechenstädte an der kleinasiatischen Westküste begnügen wollen.

Wo ist das Grab Alexanders des Großen?

Alexander der Große starb am 10. Juni 323 v. Chr. in Babylon im heutigen Irak. König Ptolemaios I. überführte den Leichnam nach Ägypten, zuerst in die alte Pharaonenstadt Memphis und dann in die Hauptstadt Alexandria. Dort stattete ihm Octavian, der spätere Kaiser Augustus, 30 v. Chr. einen Besuch ab. Später verschwand die Grabstätte unter dem Häusermeer des modernen Alexandria. Sämtliche Versuche, die letzte Ruhestätte Alexanders zu finden, waren bisher vergebens. Die Zahl der wieder verworfenen Vorschläge ist inzwischen auf 140 angewachsen. Gleichzeitig streitet sich die Wissenschaft über die politische Bewertung der Taten Alexanders. Auf der einen Seite steht die Gruppe der Bewunderer. Sie preisen den König, der in zehn Jahren den gesamten Orient bis nach Indien eroberte, als Visionär, der einen Brückenschlag zwischen Europa und Asien unternahm und von einer neuen Zivilisation träumte. Andere sind skeptischer. Sie sehen in Alexander einen skrupellosen Machtpolitiker, dem es nur darum gegangen sei, möglichst viele Völker zu unterwerfen.

Wo liegt der Ort der Varusschlacht?

Im Herbst des Jahres 9 n. Chr. besiegte eine Allianz aus germanischen Stammesverbänden unter Führung des Cheruskers Arminius die Legionen des Kaisers Augustus, die unter dem Kommando des Feldherrn Varus standen. Eine Schlacht mit Folgen: Die kaiserlichen Pläne, die römische Herrschaft auf Germanien auszudehnen, womöglich sogar bis zur Elbe, verschwanden in den Schubladen. Arminius wurde, allerdings erst einige Jahrhunderte später, zu einem deutschen Volkshelden und, weil es urtümlicher klang, in »Hermann« umbenannt. Bei Detmold wurde im 19. Jahrhundert das Hermannsdenkmal errichtet, zur Erinnerung an die denkwürdige »Schlacht im Teutoburger Wald«. Aber steht das Denkmal am richtigen Ort? Heute gibt es einen klaren Favoriten: den Ort Kalkriese in der Nähe von Osnabrück. Der befindet sich zwar nicht im Teutoburger Wald. Nicht weit von diesem Wald soll sich aber, wie der römische Historiker Tacitus berichtet, das für die Römer so desaströse Geschehen abgespielt haben. Der heutige Teutoburger Wald trägt diesen Namen aber erst seit dem 16. Jahrhundert, als man nach einem Schauplatz für die Schlacht suchte und sich für einen Höhenzug entschied, der bis dahin Osning hieß.

So kann das nördlich des Teutoburger Walds gelegene Kalkriese tatsächlich der Ort der Schlacht im Teutoburger Wald sein. 1987 entdeckte hier ein ehemaliger britischer Offizier mit einem Metalldetektor – und offizieller behördlicher Genehmigung – Münzen und Schleuderbeile aus römischer Zeit. Nach und nach kamen viele weitere Funde zum Vorschein, die den Verdacht, Kalkriese sei der Ort der Varus-Schlacht, zur Gewissheit verdichteten. Inzwischen befindet sich hier auch ein großer archäologischer Park mit Museum. Und es spricht (fast) alles dafür, dass Park und Museum am richtigen Ort stehen. Es gibt aber, zumal bei hartnäckigen Kritikern, noch ein paar Restzweifel. Es kann sich auch um Spuren einer anderen Schlacht zwischen Römern und Germanen handeln, sagen sie. Das ist nicht völlig ausgeschlossen, und so kann die Schlacht im Teutoburger Wald und ihre Lokalisierung bis auf weiteres noch in der Abteilung »Ungelöste Rätsel« eingeordnet werden – allerdings im Status eines starken Kandidaten für die Abteilung »Gelöste Rätsel«.

Lektüretipps

Manfred Clauss: Einführung in die Alte Geschichte. München 1993.

Werner Dahlheim: Die Antike. Griechenland und Rom von den Anfängen bis zur Expansion des Islam. Paderborn [u. a.] 1994.

Robin Lane Fox: Die klassische Welt. Eine Weltgeschichte von Homer bis Hadrian. Stuttgart 2010.

Hans-Joachim Gehrke / Helmuth Schneider: Geschichte der Antike. Ein Studienbuch. Stuttgart 2010.

Christian Mann: Antike. Einführung in die Altertumswissenschaften. Berlin 2008.

Heinz Mikisch: Basiswissen Antike. Ein Lexikon. Stuttgart 2006.

Theodor Mommsen: Römische Geschichte Bd. 1–3. Leipzig 1854–1856; Bd. 5, 1885 [u. ö.].

Holger Sonnabend: Atlas der Antike. Berlin 2016.

Johann Joachim Winckelmann: Geschichte der Kunst des Alterthums. Dresden 1764 [u. ö.].

Eckhard Wirbelauer: Antike. München 2007.

 mafia

 karl marx

 loriot

 star wars

 asterix

 gehirn

Die drei ???®

reclam.
100 seiten

stephen king

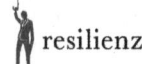 resilienz

 antike

 reinhard mey

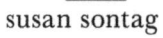 susan sontag

 feminismus

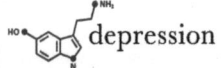 depression

 biodiversität

»Wie dunkel war das
›finstere Mittelalter‹ wirklich?
Und warum heißt es *Mittel*alter?
Begann es tatsächlich im Jahre 476?
Und wann hörte es auf?«

Thomas Frenz
Mittelalter. 100 Seiten
100 S. · 13 Abb. und Infografiken
Broschiert
11,4 × 17 cm
ISBN 978-3-15-020589-1

»Was den Buddhismus in Asien wirklich prägt, tritt hierzulande oft in den Hintergrund.«

Almut-Barbara Renger
Buddhismus. 100 Seiten
100 S. · 10 Abb. und Infografiken
Broschiert
11,4 × 17 cm
ISBN 978-3-15-020438-2

»Das antisemitische Weltbild folgt stets
einem paranoiden Leitgedanken:
Seine Anhänger sind – angesichts der
objektiven Komplexität der Verhältnisse –
von der Suche nach geheimen Drahtziehern
im Hintergrund besessen.«

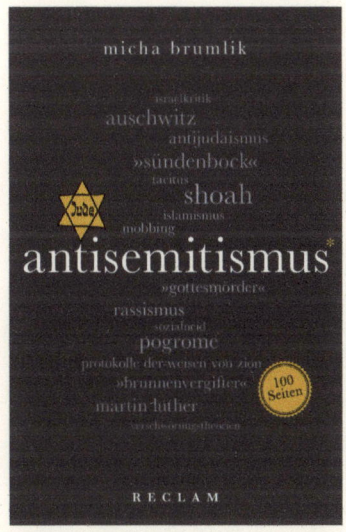

Micha Brumlik
Antisemitismus. 100 Seiten
100 S. · 14 farbige Abb. und Infografiken
Broschiert
11,4 × 17 cm
ISBN 978-3-15-020533-4

Reclam   reclam.de